Bernard Baudouin

Die Inkas

W0172907

HERDER spektrum

Band 4814

Das Buch

Wer waren sie? Was macht die Faszination aus, die diese geheimnisvolle Hochkultur der Inkas bis heute auf viele Menschen ausübt? Woher kommen diese „Wesen des Lichtes", die, wie sie selbst sagen, die Zeichen der Götter in sich tragen? – Dieser eindrucksvolle Band gibt lebendig und anschaulich Auskunft über all diese Fragen. Ausführlich wird der Leser vertraut gemacht mit den verschiedenen Kulten, Ritualen, Festen, religiösen Zeremonien, der Rolle der Priester, der Sonnenjungfrauen, mit Tier- und Menschenopfern, religiösen Stätten, Beerdigungsritualen. Es ist ein kurzes und überschaubares Buch, das sich nicht darauf beschränkt, über kulturelle Fakten und historische Daten zu berichten, sondern den Leser immer wieder auch einlädt, sich auf eine spirituelle Reise in die Welt der Inkas zu begeben. Ein Buch, das kaum ein Leser unberührt beiseite legen wird.

Der Autor

Bernard Baudouin ist Schriftsteller und Journalist. Von ihm sind zahlreiche Bücher zum Thema Spiritualität und Religionen erschienen, wie z. B. zum Buddhismus, zum ZEN, zum Konfuzianismus, zum Tantrismus, zum Hinduismus usw.

Bernard Baudouin

Die Inkas

Geschichte, Kultur, Spiritualität

Aus dem Französischen von Fiona Härtel

Herder

Freiburg · Basel · Wien

Titel der französischen Ausgabe:
„Les Incas" © 1998 Éditions De Vecchi S. A. – Paris

Gedruckt auf umweltfreundlichem,
chlorfrei gebleichtem Papier

Deutsche Erstausgabe

Alle Rechte vorbehalten – Printed in Germany
© Verlag Herder Freiburg im Breisgau 2000
Herstellung: Freiburger Graphische Betriebe 2000
Umschlaggestaltung und Konzeption:
R·M·E München / Roland Eschlbeck, Liana Tuchel
Umschlagmotiv: © AKG Berlin
ISBN 3-451-04814-0

Inhalt

III. Teil
Die Nachwirkung der Sonnenreligion der Inkas

Einleitung

Ich war schon einige Zeit umhergereist, als ich eines Tages den Drang verspürte inne zu halten. Wir befanden uns in einer noch dunklen und weit entfernten Zeit. Die Völker der Erde formten allmählich ihre Zukunft, meistens eher durch Kraft als durch Vernunft.

Ich hatte meinen Meister seit einigen Jahren verlassen und sog nun gierig alles in mich auf, was mir begegnete. Viel gelernt hatte ich vom reichen Wissen dieses bemerkenswerten Menschen, aber das, was ich jetzt Tag für Tag kennenlernte, faszinierte und bezauberte mich. Weit entfernt von allen großen Worten und philosophischen Ideen, vom überlieferten Wissen der Vorfahren, war das Leben wie ein geöffnetes Buch, von dem jede Seite meine Seele beflügelte. Das war es, was mein Lehrmeister meinte, als er sagte, ich sei bereit und müsse nur noch losziehen, um die Welt zu entdecken. Wieder einmal wusste er genau, wann der rechte Moment gekommen war.

Viel Zeit ist seither vergangen. Meine Reisen haben mich in Länder geführt, in denen die Menschen so gut es ging versuchten, aus ihrer Welt ein von Frieden und Fortschritt geprägtes Reich zu schaffen. Und so manches Mal habe ich die Zeit wie Ozeane durchquert, Berge erklommen, den Sturm der Elemente gehört, Völker und Zivilisationen, Leidenschaft und Entbehrung entdeckt, und immer ein und derselbe Gedanke hat mich geleitet, ein Satz meines Meister, der sich in meinem Gedächtnis verankert hat: „Ob er Sieger oder Verlierer ist, Suchender oder Umherirrender, Zerstörer oder Büßer,

Weiser oder Abtrünniger, der Mensch ist ein Wesen des Lichts, da er das Zeichen der Götter in sich trägt. Deshalb hört er nicht auf zu glauben und zu hoffen. Wo auch immer du hingehst, was auch immer du tust, hör ihm zu, schau ihn an, schenke ihm deine Wärme und deinen Rat, du wirst dadurch nur reicher werden."

Heute ist es an mir, Sie zu leiten. Folgen Sie meinen Schritten, legen Sie Ihre Hand auf meinen Arm. Hören und schauen Sie zu. Die Zeit löst sich auf, es zählt nur noch das Wesentliche ...

I. Teil
Definition

Das Wissen des Menschen hat keine Grenzen, so wie die Reise durch die Zeit alles ist, nur kein Zufall.

Sich durch die Jahrhunderte tragen zu lassen, sich zu einer Epoche „hingezogen" zu fühlen, die Gebräuche und Gewohnheiten einer anderen Zivilisation in das eigene Leben einzubeziehen, dies alles ist letztlich nichts anderes, als dass ein kleiner Teil der Menschheit in unserem Bewusstsein wieder zum Vorschein kommt, der, nachdem er lange Zeit über in der großen Menschheitsgeschichte erstarrt war, nun eine fast materielle Form zurückerlangt.

Es ist aber auch das Gefühl, plötzlich in einer anderen Zeit aufzuwachen, sich an einem anderen Ort wiederzufinden, in einem anderen Umfeld, mit anderen sozialen und politischen Begebenheiten. Ähnlich einem Traum oder der Wiedergeburt in einem anderen Körper, nur mit dem Unterschied, dass es die Geschichte ist, die das Spiel bestimmt, und nicht der Mensch

selbst. Vom Handelnden in unserem Alltag werden wir zu aufmerksamen, privilegierten Betrachtern, eingeführt in alle Bereiche des damaligen Lebens, in die Geheimnisse der verschiedensten Mächte, bis hin zu den kleinsten Bestandteilen einer Welt, die sich plötzlich vor unseren Augen öffnet. Die Augen wieder zu öffnen nach einer Reise durch die Zeit, bedeutet in erster Linie, der Leere der Dunkelheit ein Ende zu setzen, aber es ist auch und vor allem der Eintritt in eine neue Dimension des Lebens, des Menschen, des unmittelbar Greifbaren, ohne sich noch um die Grenzen des Raums oder der Zeit zu kümmern.

*Denn letzten Endes, aus nächster Nähe betrachtet, waren
diese Frauen und Männer, mit ihren Erwartungen, ihrem
Glauben und ihren Hoffnungen, begrenzt durch die Zufälligkeiten ihrer Jahrhunderte, nichts anderes als eine weit entfernte Widerspiegelung unserer selbst und der Hoffnungen
und Antriebe, die jedem Menschen, in welcher Epoche auch
immer, eigen sind – über alle Zeiten und Räume hinweg.*

*Eine Photographie ist eine solche Reise. Das Festhalten ei-
nes Augenblickes, mit einigen Grundzügen, vielen Nuancen,
einer Handvoll Menschen und Ereignisse, die man mehr er-
ahnt, als dass man sie tatsächlich sieht. Es ist nur ein Aus-
schnitt eines isolierten Lebens und ein kurzer Augenblick in
der langen Kontinuität der Menschheitsgeschichte. Eine Mo-
mentaufnahme.*

*Man könnte das, was die Tiefe dieser Periode ausmacht,
nicht wahrnehmen und nachempfinden, ohne sich auch den
Luxus zu gönnen und ein offenes Ohr zu haben, sich von dem
wechselhaften Schauspiel beeindrucken zu lassen, einer vor-
anschreitenden Zivilisation auf der Suche nach sich selbst,
von einem Universum, das immer in Bewegung ist, immer
dazu bestimmt, sich zu verändern.*

*Denn über eines sollten wir uns nicht täuschen: hinter
dem eindringlichen Blick des Erforschers anderer Zeiten, ent-
fernter und fremder Welten, liegt nur das Bedürfnis zu verstehen, zu sehen, um zu mehr Wissen zu gelangen. Der
Wunsch, sich anderen zu nähern, um einen Teil seiner selbst
zu erschließen. Wie der unersättliche Durst nach Absolutem,
überall mit Beharrlichkeit nach dem Sinn des Lebens su-
chend ...*

1. Der historische Kontext

Am Ende einer Reise genügt es, die Augen wieder zu öffnen.
Und jedes Mal, wenn wir sie öffnen, sticht das Licht einen
kurzen Augenblick in unsere Augen, bevor wir wieder alle

Konturen klar erkennen können. Die Sonne in ihrem Zenit, hell wie tausend Feuer, lässt uns blinzeln.

Erst nachdem wir uns an diese plötzliche Helligkeit gewöhnt haben, erkennen wir unsere Umgebung wieder, und diese lässt uns mit offenem Mund staunen: Unter einer sengenden Sonne scheinen uns hohe Berge und schroffe, begrünte Bergkämme im Kreis zu umgeben, die sich so weit wie das Auge reicht ausdehnen. Der strahlend blaue Himmel und der frische Wind verraten die Höhe unserer Lage. Am Horizont Berge, bedeckt mit ewigem Schnee. Willkommen im Herzen des südamerikanischen Kontinents, in der atemberaubenden Welt der Anden.

Wir sind im Jahre 1200 nach der Geburt desjenigen, den man an einem anderen Ort, in einem Land, von dessen Existenz die Menschen hier nichts ahnen – Jesus Christus genannt hat. Hier regiert die Natur, die in einer sehr komplexen und überwältigenden Mischung die steilen Hänge der Anden, die windige Hochebene und weiter im Westen, hinter einer schmalen Küstenebene, den weiten, unendlichen Pazifischen Ozean miteinander verbindet, während sich im Osten die amazonischen Tropenwälder ausbreiten. In dieser weit zurückliegenden Zeit war die Natur nicht nur wild und schön. Sie war rau und das Klima war hart. Auf den Höhenzügen der Anden war es meistens kalt und trocken, fast arktisch. Und dennoch, seit Jahrtausenden lebten hier Menschen – oft in über 3000 Metern Höhe – und führten in dieser unwirtlichen Gegend die Sitten und Gebräuche ihrer Vorfahren fort.

Vor mehr als 14 000 Jahren kamen die ersten Menschen in diese Gegend, sie waren Nomaden und zogen in kleinen Gruppen an der Küste Perus entlang. Grund für ihr immer weiteres Vordringen nach Süden war lediglich die Suche nach Meeresbuchten, nach Jagdbeute und Sammelgut. Im Lauf der Jahrhunderte führte der Rückgang der Andengletscher und die darauf folgende Verödung der Landschaft dazu, dass sich dieser erste Ansatz einer Gesellschaft an den Flussmündungen niederließ, am Westhang der Anden. Im selben Maße, wie sich diese Gemeinschaften entwickelten, wurden auch ihre Bedürfnisse größer, was einige dieser frühen Stämme dazu zwang, weitere Ressourcen aus dem nah gelegenen Ozean zu erschließen. Etwa im 8. Jahrtausend v. Chr. wird das peruanische Hinterland, die Grotten der hohen Zentral- und Südanden, besiedelt. Man muss aber bis ungefähr 4500 v. Chr. warten, bis sich die Zähmung und Haltung von Tieren wie dem Meerschweinchen oder Lama durchsetzt. Letzteres nimmt sehr schnell eine wichtige Rolle in diesen frühen Gesellschaften ein, als Lasttier, aber auch wegen seiner Wolle und seines Fleisches.

Die ersten Gehversuche in der Landwirtschaft, die sich für die Jahre 4000 und 3000 v. Chr. nachweisen lassen, wandeln sich sehr schnell in eine regelmäßige Bewirtschaftung des Bodens. Es werden vor allem Kürbisse, Bohnen und Baumwolle angebaut, und gegen Ende des 3. Jahrtausends gesellt sich zu ihnen der Mais, diese sehr nährstoffreiche Pflanze, deren Anbau sich bald auf sehr viele Gegenden ausbreitet.

Die Entwicklung der Landwirtschaft, vor allem durch erfolgreiche Selektion und Kreuzung, führte zum Niedergang der Jagd, des Fischfangs und des Sammelns, Aktivitäten, die auch in diesen Breiten die Existenz der Menschen gesichert haben. Die große Produktion an Nahrungsmitteln dynamisierte die Entwicklung der Gemeinschaften durch eine konstante Zunahme der Bevölkerung. Seit dem Beginn des 2. Jahrtausends v. Chr. entstanden größere Ortschaften mit tausend und mehr Einwohnern, die das Töpferhandwerk beherrschten und imposante Steintempel auf den Hochebenen der Anden errichteten. Nach einer langen Suche mit Hilfe verschiedenster Anstöße beginnt eine Zivilisation jetzt Formen anzunehmen.

Die Kultur der Chavín

Die Chavín werden als die erste bedeutende Kultur gesehen, die sich in den Hochebenen der Anden ausgebreitet hat. Im Laufe des 1. Jahrtausends v. Chr. haben sie die Grundfesten eines harmonischen sozialen Lebens geschaffen. Sie legten Terrassen an, errichteten Erntekammern, sie entwickelten ein groß angelegtes Bewässerungssystem und erlernten die Verarbeitung von Silber und Gold.

Aber die Kultur der Chavín wird vor allem im religiösen Bereich ihre Spuren hinterlassen, indem Tempel errichtet werden, in denen eine raubkatzenartige Gottheit angebetet wird. Die Stadt Chavín de Huántar, auf 3200 Metern Höhe am östlichen Abhang der Anden gelegen, ist zuallererst ein religiöses und kultisches Zentrum, das das ganze Jahr über Pilgerscharen anzieht, und nur in zweiter Linie eine Siedlung. Der Haupttempel[1], ein gigantisches Monument, wie ein siebzig Meter breiter Würfel in einem engen Tal errichtet, verziert mit flachen Reliefornamenten vorher selten erreichter Perfektion, ist beeindruckend, mit seinen unzähligen Sälen und Gängen auf drei Ebenen, die durch Rampen und Treppen miteinander verbunden sind. Man kam zu dieser Kultstätte, um die enorme Steinstatue des *Lanzon* anzubeten und sich vor ihr niederzuwerfen. Es ist eine Statue mit bedrohlichen Fangzähnen und Schlangenhaar, die an die Gestalt eines Jaguar-Menschen erinnert. Ebenso befragte man hier Orakel, man nahm in rituellen Zeremonien ein Getränk zu sich, das aus Mais gekeltert wurde und brachte den regionalen Gottheiten Opfer. Diese Letzteren sind zahlreich. An ihrer Spitze verehrte man den Jaguar (als Zeichen der Stärke), die Schlange (als Zeichen der Schlauheit), aber auch den Kondor, den Fisch, die Eule und viele andere.

Die Ära der Chavín zeichnet sich in der Tat nicht durch ihre Eroberungszüge oder die Ausbreitung einer mächtigen Herrschaft aus. Es ist die religiöse und kulturelle Dimension, die ihre Bedeutung ausmacht. In einer Zeitspanne von fast tausend Jahren breitet sich diese Kultur in den Anden und auf ihrer Nordseite bis nach Ayacucho aus. Dabei erlangte Chavín de Huántar nie die Größe einer wirklichen Hauptstadt, die Stadt konnte sich aber der unbestrittenen Aura eines hohen zeremoniellen Ortes rühmen.

---

[1] Die spanischen Eroberer sollten ihn später *Castillo* – die Burg – nennen.

Die Religion und diejenigen, die ihr dienten – die Priester – gewinnen immer mehr an Bedeutung. Ihre Machtbasis liegt nicht mehr ausschließlich – wie in den alten Zeiten – in der Kraft und der Weisheit, sondern jetzt in einer neuartigen Verbindung mit dem Universum und den Gottheiten. Das Oberhaupt der Chavín wird als Träger der göttlichen Macht gesehen. Es ist die Geburtsstunde des theokratischen Staates,[2] dessen grundlegende Prinzipien den späteren Anden-Gesellschaften als Ausgangsbasis dienen sollten.

Der Kult bildete sich bald rund um die Abbilder des Jaguars und Pumas aus und bedeutete einen nie wieder erreichten künstlerischen Höhepunkt. Man kann viele bedeutende Beispiele der Kunst finden: eingeritzt in Steinstatuen, in Ton geformt, auf Keramiken, deren Verzierungen und Ausschmückungen eine hohe Spiritualität verraten, aufgemalt auf Bauwerken und auf den Mauern ihrer Gebäude oder auch bei ihren Schmuckgegenständen, die aus Gold gearbeitet wurden. Ihre Kultur breitete sich unaufhaltsam in den Anden aus, von Tal zu Tal, und führte zum ersten Mal zu einer klaren Annäherung der einzelnen Agrarstämme unter einer einzigen ideologischen Einheit. Hierin müssen die Voraussetzungen für eine Entwicklung gesehen werden, die später zu der Errichtung eines anderen Herrschaftssystems führen sollte.

Man kommt aus allen vier Himmelsrichtungen der Andenkordilleren nach Chavín de Huántar, um diesen oder jenen Altarraum zu besuchen, und nebenbei tauschten hier und da die Bewohner der Anden – Priester, Künstler, Handwerker, Händler usw. – ihre Gedanken und Produkte aller Art aus, ihr Können und ihre technischen Errungenschaften. Die Religion, immer im Hintergrund spürbar bei diesen Kontakten, spielte eine wichtige „zusammenführende" Rolle und macht ihre zu-

---

[2] Theokratie: von griech. *theokratia* „Gottesherrschaft". Staatsform, die auf göttlicher Souveränität basiert, in der die Macht in den Händen Gottes, seiner Inkarnation oder seines Dieners liegt. Im weiteren Sinne wird ein Land, in dem die Regierungsgewalt von Priestern ausgeübt wird, ebenfalls als Theokratie bezeichnet.

vor auf diesem Kontinent unbekannte Fähigkeit zur Vereinheitlichung deutlich. Die Ausstrahlung der Kultur der Chavín
steht im 4. Jahrhundert v. Chr. in ihrem Zenit, danach wird
sie, obwohl sie nicht zu existieren aufhört, in ihrer Bedeutung
langsam abnehmen, bis sie erlischt und ganz verschwindet.
Jetzt lässt sie anderen bedeutenden Einflüssen ihren Raum,
die eine neue Zeit einleiten.

Die Kultur der Mochica

Zwischen dem 2. und 8. nachchristlichen Jahrhundert prägte
das Volk der Mochica das Andenhochland. Der Ort Moche, gelegen an einer Flussmündung an der Nordküste Perus, erreichte
nun eine beachtliche Größe. Die Mochica sind geschickte An-
bauer, sie entwickeln eine intensive Bewirtschaftung – in erster Linie durch die Verwendung von Guano-Dünger[3] – in den
Flusstälern dieser Gegend. Außerdem errichteten sie Aquä-
dukte und bauten zahlreiche Bewässerungskanäle, die zum Teil
eine Länge von über 80 Kilometern haben. Die erhaltenen Reste ihrer Töpferkunst, ihre Keramikmalereien, die verarbeiteten
Metallgegenstände und die Webarbeiten sind außerdem Zeugen
ihres hohen handwerklichen Geschickes.

Das Anlegen von Wegen und die Errichtung eines Systems
zur Nachrichtenübermittlung durch sich abwechselnde Boten
vereinfachte nicht nur die Kommunikation, sondern steigerte
auch jegliche Art des Austausches.

Zu den rituellen Praktiken der Mochica gehörten die Be-
schneidung und die Heilung von Krankheiten durch einen
Schamanen, der den Geist wie ein reales Objekt aus dem Körper heraussaugte. Die auf Keramiken dargestellten Szenen von
chirurgischen Eingriffen und Schädelöffnungen verraten eine
fortgeschrittene medizinische Kenntnis.

Sie verwendeten Ideogramme, die in Bohnen eingeritzt
wurden. Während es die hauptsächliche Beschäftigung der

---

[3] Guano: Naturdünger aus den Ablagerungen von Exkrementen der Seevögel.

Männer war, Kriege zu führen – die Kaste der Krieger wurde sehr verehrt –, blieben die Frauen an ihre häuslichen Pflichten gebunden.

Neue bedeutende Städte wurden im Zentrum und im Süden der Hohen Anden errichtet. So konnte die umliegende Landbevölkerung stärker an das immer besser strukturierte Machtzentrum gebunden werden.

Die Kunst der Mochica erlangte eine beachtliche Größe und erreichte einen bemerkenswerten Grad an Reinheit; dies gilt vor allem für die Skulpturen und linearen Zeichnungen.[4] Neben ihrem unvergleichlichen Talent als Keramikhersteller entwickelten die Mochica ein ganz erstaunliches Geschick in der Herstellung von Schmiedearbeiten und Schmuckgegenständen aus Gold.

Aber es ist wieder einmal auf religiösem Gebiet, auf dem ihr Beitrag besonders hervorsticht. Die Organisation, Disziplin und ihre Berufung zum Baumeister drückt sich bei den Mochica in dem Bau weitläufiger Tempelanlagen aus, deren imposante Architektur die folgenden Jahrhunderte prägen wird. Die herausragenden Beispiele ihrer religiösen Kunst finden sich in den Zwillings-Pyramiden an der Moche-Mündung. Diesen Stufenpyramiden, errichtet aus ungebrannter Erde mit terrassenartigen Plattformen, sollten die Spanier später die symbolträchtigen Namen *Huaca del Sol* (Sonnentempel) und *Huaca de la Luna* (Mondtempel) geben.

Stolz ragen sie am Fuße des Cerro Blanco empor. Der *Huaca de la Luna* erreicht eine Höhe von 21 Metern; der obere Bereich besteht aus einem System von Gängen und Sälen, die Wände sind mit Szenen aus dem rituellen Leben de Mochica bemalt, die mit großer Präzision dargestellt werden. Der Tempel *Huaca del Sol*, eine auf einer Basis von zwanzig mal vierhundert Metern errichtete stufenförmige Pyramide, die eine Höhe von fünfzig Metern erreicht, wird während mehrerer

---

[4] Dies gilt in erster Linie für die vielen Darstellungen von Mensch und Tier: in Jagdszenen, beim Fischfang, bei Feldarbeiten, im Krieg usw.

Jahrhunderte das bedeutendste Gebäude aus Adobe-Ziegeln[5] Südamerikas bleiben. Diese Bauwerke, ebenso wie andere aus der Ära der Mochica, sind den Gottesdiensten geweiht, den zahlreichen rituellen Zeremonien, von denen die Darstellungen auf den Keramiken jener Zeit ausführlich erzählen, so zum Beispiel den Opferungen der Kriegsgefangenen auf dem Dach der Pyramide.

Die Mochica-Religion ist zunächst eine monotheistische Religion. Ihr Gott ist Aia Paec. Er kann aber verschiedene anthropomorphe und zoomorphe Gestalten annehmen, also sowohl in der Gestalt von Menschen als auch von Tieren erscheinen.

Die Kultur der Tiahuanaco

Ein weiterer Pol des kulturellen und militärischen EinFlusses ist die Kultur der Tiahuanaco. Sie entsteht aus dem Zusammenschluss einfacher Agrarstämme, die ihre Ressourcen und Kräfte vereinen. Etwa 20 Kilometer südlich des Titicaca-Sees in 4500 Metern Höhe bildet sie sich im ersten nachchristlichen Jahrhundert aus und wird bis zu ihrem Höhepunkt zwischen dem 6. und 10. Jahrhundert beständig an Bedeutung gewinnen.

Die Tiahuanaco hatten ihren Ursprung in einer einfachen regionalen Kultur, die zunächst in der kalten und düsteren Hochebene – in unwirtlicher Umgebung und feindlichem Klima – Fuß fasste. Dennoch erlangte sie eine außergewöhnliche Bedeutung. Die Stadt Tiahuanaco selbst, gelegen auf einer Fläche von fast fünfhundert Hektar, hat die Aura eines erstrangigen Zentrums für religiöse Zeremonien. Getragen von einem neu entstehenden religiösen Fieber kommt man von sehr weit her an diesen Ort, um hier die neuen Götter und alle, die ihnen dienen, in eindrucksvollen Tempeln zu verehren:

---

[5] *Adobe*: Spanisches Wort für ungebrannten luftgetrockneten Lehm, der zum Hausbau verwendet wird. Des Weiteren bezeichnet es Lehmziegel.

(...) sein Bildnis (eines dieses neuen Gottes) ist in das mono-
lithisch wirkende Portal eines Tempels in Tiahuanaco einge-
meißelt. Die Skulptur, herausgearbeitet ohne realitätsgetreue
Nuancen, zeigt einen gedrungenen, stehenden Mann, dessen
sehr detailgetreue Haartracht den Kopf eines Pumas im Pro-
fil zeigt. Sein langes Gesicht hat eine viereckige Form, und
aus seinen offenen großen Augen laufen Tränen.[6]

Die Erbauer von Tiahuanaco vollbrachten wahre Wunder,
um diese so kolossalen Monumente zu errichten. Ganz gleich,
ob es sich um Tempel mit einer zeremoniellen Bestimmung,
um Befestigungsanlagen oder administrative Gebäude handelte, sie verstanden ausgesprochen gut ihr Maurerhandwerk.
Sie verwendeten Steine, die mit einer erstaunlichen Präzision
bearbeitet und geschliffen wurden. Einige von ihnen wiegen
mehr als hundert Tonnen.

Die beiden beeindruckendsten Gebäude sind Akapana, eine
große Stufenpyramide, und Kalasasaya, ein sehr einflussrei-
ches religiöses Zentrum, in dessen Inneren sich das berühmte
„Sonnentor" befindet. Dieses monolithische Bauwerk erreicht eine Höhe von über drei Metern. An seiner Spitze
thront eine Figur, deren Kopf mit einer Haube geschmückt ist,
auf der kranzförmig Pumas angeordnet sind. In den Körper der
Figur sind Kondor- und Pumaköpfe eingraviert, während an
ihrem Gürtel Trophäen in Gestalt von Menschenköpfen hän-
gen, die aus Opferungen stammen.

Auch die Statuen von Tiahuanaco, meistens aus dem Vul-
kangestein Andesit gemeißelt, beeindrucken nicht nur als
Ausdruck einer – unbestreitbar hochentwickelten – Granit-
steinkunst, sondern viel mehr durch die Ehrwürdigkeit und
Schlichtheit, die sie ausstrahlen: die sehr ausdrucksstarken
Gesichter, die reichen Haartrachten sowie die von ihnen aus-
gehende geheimnisvolle Religiosität erinnern auf verwirrende
Weise an Abbilder aus dem fernen Mesopotamien.

---

[6] Leonard J. Norton: L'Amérique précolombienne, coll. „Les grandes époques de l'humanité".

Aber es ist jenseits dieses Tales, wo die Kultur der Tiahuanaco ihre Blüte erreichte. Sie nahm nicht nur den gesamten Süden für sich ein, sondern auch weite Teile von dem Gebiet, das später Bolivien und Chile sein wird. Sie breitete sich sogar jenseits der Hochebene der Anden am Ufer des Pazifiks aus.

Es handelt sich um ein tatsächlich theokratisches Reich, das nicht weniger als 130 Städte umfasste, von denen einige in den Wäldern des Amazonasgebietes gegründet wurden. Zum ersten Mal setzte sich hier mit einer starken Kohärenz die Idee einer „Einheit" durch, die unterschiedliche Ethnien und Bevölkerungsgruppen verschiedenster Herkunft vereinigt, zusammengehalten durch eine starke zentralisierende Macht.

Nach mehreren Jahren einer beispiellosen Entwicklung beginnt der Abstieg und Verfall der Tiahuanaco-Herrschaft um das Jahr 900. Dieser Verfall wurde vor allem durch die inneren Kämpfe zwischen den einzelnen eroberten Völkern hervorgerufen, die unter dem Banner der Tiahuanaco vereinigt waren. So erlischt diese Kultur um das Jahr 1200.

Die Kultur der Huari

Bereits seit einiger Zeit, gegen Ende des 8. und zu Beginn des 9. Jahrhunderts, setzte sich langsam eine andere Denkform durch, zunächst in den Mittelgebirgen des Mantaro, bevor sie sich gen Norden bis in unmittelbare Nähe von Cajamarca ausdehnen wird.

Es wäre unzutreffend, hierbei von einer gänzlich anderen Kultur als die der Tiahuanaco zu sprechen, da sich letztere, trotz einer Entfernung von über 600 Kilometern, von der ersten inspirieren ließ. Die Kultur der Huari entstand später, zeigt dennoch die gleichen kultischen und kulturellen Merkmale. Nur kleine Unterschiede lassen sich im Bereich der Kunst ausmachen, so zum Beispiel in der Keramik und der Bildhauerkunst. Die Ähnlichkeiten sind so weitreichend, dass diese beiden Kulturen schon als zwei Linien ein und desselben politischen Systems beschrieben wurden.

Auch die Kultur der Huari verdankt ihre Verbreitung den militärischen Eroberungen, deren unmittelbare Folge das gewaltsame Ende der lokalen Kulturen war: An deren Stelle trat diejenige der Sieger. So werden mit der Zeit Bauwerke im Stile der Huari errichtet, die oft eine militärische Bestimmung haben, wie etwa in Piquillacta im Tal des Apurimac oder in Viracochapampa, in der Nähe von Huamachuco.

Die Huari und die Tiahuanaco haben eine interessante Gemeinsamkeit: Sie entwickeln sich beide in den Anden, während die Kulturen, die zuvor im Land ihre Spuren hinterlassen hatten, aus den Küstenregionen des Pazifiks kamen. Deutlich lässt sich hieran das Phänomen einer Verlagerung der prägenden Kräfte ins Landesinnere beobachten, und dabei besonders in die Hochebenen der Anden: Das Zentrum der politischen Macht verschiebt sich in Richtung des Gebirges.

Betrachtet man die beiden Kulturen aus nächster Nähe, dann kann man durchaus Unterschiede feststellen. Selbst wenn die Götter der Huari unbestreitbar ihre Vorläufer in den Göttern der Tiahuanaco-Kultur haben, entwickelt die Huari-Gesellschaft im Laufe der wenigen Jahrhunderte ihrer Glanzzeit Regeln des Zusammenlebens und der Organisation, die ihr allein gehören. Es handelt sich bei dieser Gesellschaft nicht mehr um einen rein theokratischen Staat: Die Macht nimmt wieder stärker weltlichen Charakter an. Eine der kulturellen Errungenschaften dieser Kultur wird die Einführung der Sprache Quechua als Einheitssprache des gesamten Gebietes sein, womit sich bereits die Einheit erahnen lässt, die bald weite Landstriche für sich gewinnen wird.

So wie die Kultur der Tiahuanaco wird auch die Huari-Kultur verfallen und schließlich im 12. Jahrhundert fast verschwinden. Lediglich eine unübersehbare Zahl von kleinen staatlichen Einheiten wird sie hinterlassen. Diese sind sehr in den Werten der Huari verwurzelt und können einige Zeit weiter existieren.

Nach dem Niedergang der Hegemonie der Huari erscheinen mehrere Staaten auf der politischen Bühne und setzen gleichzeitig ihre Herrschaft in den einzelnen Regionen durch. Im Zentrum Perus entwickelt sich die Kultur der Chancay, weiter im Süden das Königreich der Chincha, im Tal des Mantaro der Staat der Huancas, in der Nähe Ayacuchos derjenige der Chancas, rund um die Stadt Cuzco der Staat der Inkas und schließlich, an der Nordküste Perus, das Reich der Chimú.

Als die Kultur der Chimú, die auf den kulturellen Strömungen ihrer Epoche aufbaut, etwa im 13. Jahrhundert ihren Höhepunkt erreicht, haben die vorangegangenen, von all jenen Völkern gesammelten Erfahrungen schon jetzt die Grundfesten einer blühenden Zukunft gelegt. Der langsame Zusammenschluss von politischen Einheiten und Ethnien, der so oft in der langen Kette verschiedener Kulturen im Laufe der Jahrhunderte erneuert wurde, nahm jetzt nach und nach die Konturen eines Imperiums im vollen Sinne an.

Chan-Chán, die Hauptstadt des Chimú-Reichs, ist selbst Ausdruck dieser außergewöhnlichen Entwicklung, die das Land in eine ruhmreichere Zukunft führen wird. Hier entsteht in der Tat eine städtische Zivilisation, die sich weit hin und in Harmonie mit den Bedürfnissen ihrer Zeit ausbreitet. Das Handwerk wird durch die Verwendung von Gießformen vereinheitlicht, die neuen Techniken der Metallverarbeitung überlagern eine ganze Reihe herkömmlicher Methoden.

Es entstehen unzählige Tempel, Warenlager, Werkstätten und Getreidespeicher. Das Land schmückt sich mit beeindruckenden Festungen, von denen Paramonga am meisten Prestige erhält, mit seinen hohen Mauern, die der Wüste zu trotzen scheinen.

Die Kultur der Chimú erinnert in ihrem Anfang an die ägyptische oder die mesopotamische Kultur. Traditionellerweise wird ihre Herkunft in den Tälern des Chicama und

Moche gesehen, aus denen sie von Menschen mitgebracht wurde, die aus der Bucht von Guayaquil herkommend in Schilfbooten den Fluss stromaufwärts fuhren und zuvor die Reste der Mochica-Kultur assimiliert hatten. Sie wird schnell ihren Einfluss in einem Gebiet von fast tausend Kilometern Länge an der nordperuanischen Küste ausdehnen. Sie nimmt die großen Bewässerungsarbeiten wieder auf und erweitert diese und gibt so dieser Gegend ihren früheren Zusammenhalt zurück.

Die regierende Klasse ist mit einer absoluten Macht ausgestattet. Sie führt ihre Abstammung auf die Götter zurück und rechtfertigt damit ein Leben voller Privilegien:

„(...) die Aristokratie behauptete eine zugleich frühere und höhere Natur zu sein als das einfache Volk. Sie lebte in einem Luxus und einer Pracht ohnegleichen, wie die Keramiken, die Schmuckstücke aus Edelmetall und die vielen Haushaltsgegenstände zeigen (...), die in den Gräbern gefunden wurden. Chan-Chan, die Hauptstadt des Reichs, war vielleicht die größte städtische Siedlung im präkolumbischen Amerika, auf alle Fälle eine der reichsten. Diese große Stadt hatte allem Anschein nach mehr als 24000 Einwohner und umspannte eine Fläche von 17 Quadratkilometern."[7]

Man muss bis ins 14. Jahrhundert warten, um die einzigartige Ausdehnung des Chimú-Reichs vollständig erreicht zu sehen. Nasempinku, der Herrscher jener Zeit, eroberte jetzt nach und nach die Täler des Viru, Chao und Santa.

Seine Anstrengungen werden von seinen Nachfolgern weitergeführt, die die Grenzen des Reichs weiter als jene der Mochica-Herrschaft ausdehnen: von Nepena im Süden bis nach Lambayeque im Norden, Piura und Tumbes an der Grenze zwischen Peru und Ecuador eingeschlossen. Später werden noch Casma, Huarmey und schließlich Huara in das Chimú-Reich eingegliedert.

---

[7] H. Favre: Les Incas, coll. „Que sais-je?", Presses universitaires de France, 1990.

Um diese Macht zu festigen, errichteten die Chimú in jedem Tal, das sie erobert hatten, Befestigungsanlagen und ließen dort eine starke Garnison zurück. Von diesen Festungen aus starteten sie neue Expeditions- und Eroberungszüge und nahmen nach und nach die Täler des Chillon, Rimac und Lurin ein. Schließlich beherrschten die Chimú einen Küstenstreifen von 1200 Kilometern Länge.

Zwangsläufig resultierte hieraus, nach einer inneren Logik und in Einklang mit der Dynamik der Expansion, ein Interesse an den Hochebenen im Landesinneren. Bei seiner Ostausdehnung stieß das Chimú-Reich, getragen von seinen imperialistischen Bestrebungen, bald an die Grenzen eines anderen Reichs, das im Begriff war, sich in den Tälern im Inneren der Andenkette auszubreiten und eine herausragende Identität zu entwickeln: das noch junge Reich der Inkas.

2. Die Entstehung des Inkareichs

Wer eine andere Welt entdeckt, eine andere Kultur als die seine, der benötigt immer eine Zeit der Anpassung. Zunächst muss man diesen neuen Raum, diese „anderen" Orte mit ihrem neuen Rhythmus in sich aufnehmen, deren Einzigartigkeit ganz eigene Sitten und Gebräuche hervorbringt.

Die Reise, die wir heute beginnen, bei der wir mit der Zeit spielen, um uns leichter in diese fernen Windungen der Geschichte zu versetzen, trägt uns ins Herz einer der reichsten Zivilisationen der Menschheitsgeschichte.

Betrachtet man, was im Laufe der Jahrhunderte entsteht, so erfasst man um ein Vielfaches schärfer, wie der nie erlahmende Lebensatem Hindernisse ins Schwanken bringt oder gar umstößt und damit neuen Schaffensraum eröffnet. Er formt den Geist und bereitet die großen Abenteuer der Menschheit vor. So versteht man besser, wie die kleinsten Ereignisse, die kleinsten Handlungen in der Tat spätere Entwicklungen vorbereiten. Sie sind in Wirklichkeit, hinter ihrem Anschein, nur das

Räderwerk eines größeren Mechanismus, als es uns unsere Wahrnehmung im Moment selbst wahrhaben lässt.

Alles hat seine Vorläufer, alles wird vorbereitet und erst im Zuge der Zeit wirklich: Wenn es eine Regel gibt, die das Schicksal und die Zukunft der Menschen zu beschreiben vermag, ganz gleich in welcher Gesellschaft oder Zivilisation, dann ist es diese.

Man kann die Wahrheit eines Individuums, einer Gesellschaft oder gar Zivilisation oder Kultur nur erfassen, wenn man sich fragt, was vorausgegangen ist und dadurch zwangsläufig und wesentlich zu ihrer Bildung beigetragen hat.

Dies gilt auch für die Hochebenen der Anden.

In dem Moment, wo wir zu diesem Ort unserer „Reise" gelangen, sind die maßgeblichen Elemente bereits vorhanden. Seit einigen Jahrtausenden haben die Menschen in diesem Teil des südamerikanischen Kontinents nach und nach ihre Identität ausgebildet. Manchmal zwar in unterschiedlichen Ethnien und Sprachen – aber entsteht der kulturelle Reichtum nicht gerade aus Unterschieden, sofern sie in einer Synthese verbunden werden können?

Es ist offensichtlich, dass in den Hochebenen der Anden, unter einem strengen Klima, das Körper und Geist herausfordert, sich eine Entwicklung in Gang gesetzt hat, die durch nichts aufzuhalten ist: *„Die Pouna, das Hochland der Anden, mit ihren strengen Existenzbedingungen, bringt eine härtere Rasse hervor: Es ist ein härterer disziplinierterer, ambitionierterer, in einem Wort, ein stärkerer Menschenschlag als der der Waldgebiete mit ihrem auslaugenden Klima oder der Oasen der subtropischen Küstengebiete. Die Pouna zwingt ihre Bewohner sich gegen das unwirtliche Klima zu verteidigen. Tagsüber sengende Hitze, in der Nacht durchdringende Kälte, dazu heftige Gewitter. Sie lernen Wolle zu spinnen, den Ackerboden der steilen Hänge mit abstützenden Mauern zu sichern und solide Häuser aus Stein zu bauen. Auf diese Weise werden die Indianer der Berge geduldige Ackerbauern, erprobte Architekten und große Baumeister von Wegen und*

Brücken (…), sie schmelzen Mineralien, werden geschickte Handwerker und Lederverarbeiter, unermüdlich ziehen sie in den Bergen umher, von Berg zu Berg und von Tal zu Tal. "[8]

Die langsame Entwicklung des Stammes der Inka

Um 1200 begegnen wir in der Gegend um Cuzco einem Indianerstamm, der bald den Namen annimmt, den er seinem Oberhaupt gibt: Inka.[9] Weiter im Norden befindet sich das Chimú-Reich, das sich entlang der Küste in einem Gebiet von 1000 Kilometern Länge ausgebreitet hat und in seinem Zenit steht. Im Süden hingegen haben sich kleinere Gruppen verschiedener Kulturen in den Tälern angesiedelt und beginnen, sich zusammenzuschließen und ihre Interessen zu vereinigen. Ohne dass sich die ersten Beteiligten dieser Entwicklung bewusst wären, sind hier bereits alle Elemente beisammen, die nötig sind, um den Grundstein zu legen für eines der größten Reiche aller Zeiten.

Die mündliche Überlieferung der Inkas erklärt die Niederlassung dieses Stammes genau an diesem Ort mit der Geschichte von Manco Cápac, dem ersten Inka: *„Der Sonnengott Inti erschuf Manco und seine Schwester Mama Ocllo auf einer Insel des Titicaca-Sees (…) Inti habe zu den beiden Inkas gesagt, sie sollten nach Norden gehen bis sie zum ersten fruchtbaren Tal gelangten und sich dort niederlassen. Wenn dann der Goldstab, den sie von der Sonne erhalten hatten, in der Erde versinken werde bis er ganz verschwunden sei, dann seien sie in dem ‚gelobten Land' angekommen und sollten dort sesshaft werden. So gingen Manco und seine Schwester nach Norden, bis sie in das Tal von Cuzco gelangten, wo sich die Prophezeiung erfüllte.* "[10]

---

8 S. Huber: La Fabuleuse Découverte de l'empire des Incas, coll. „Les grandes aventures de l'archéologie", éd. Pygmalion, 1978.
9 „Inka" ist der Quechua-Name für „Herr".
10 C. Auroi: Des Incas au Sentier lumineux, éd. Georg, 1988.

25

Als sich die Neuankömmlinge im Innern der Anden in der Talsohle von Cuzco im Süden Perus niederließen, unweit der Flüsse Huatanay und Tullumayo, vereinnahmten sie eine Region, die bereits von Dörfern anderer Stämme besiedelt war. Sie stießen unter anderem auf die Sawasiray, die Wanakawri und die Maras.

Im Angesicht dieser „Alteingesessenen", die schon einige Zeit diese Gegend bewohnten, haben es die Inka zunächst schwer, ihren eigenen Platz zu finden. Besondere Schwierigkeiten macht es ihnen, ihre eigene Identität durchzusetzen: Sie müssen sich den neuen Regeln dieser Region anpassen, ohne jedoch ihre Sprache (Quechua) aufzugeben, die das Merkmal ihrer Ethnie ist.

Die Verbindungen, die zwischen den einzelnen Gemeinschaften dieser Gegend entstehen, können eher als eine Konföderation denn als eine schlichte Nachbarschaft beschrieben werden. Die Macht ist in zwei Bereiche gegliedert: *Hanan* (Oberer Bereich) und *Hurin* (Unterer Bereich). Der erste, mächtigere Bereich beinhaltet die politischen und religiösen Aufgaben, die von den älteren Stämmen der Region eingenommen werden, der zweite erfüllt militärische Aufgaben und wird den Inkas überlassen.

Einige Generationen lang zeigt die Konföderation von Cuzco, die sich auf der Basis des geschaffenen Gleichgewichts zu behaupten weiß, bei so manchen Gelegenheiten ihre innere Logik und Effektivität. Und doch werden sich allmählich die Kräfteverhältnisse verschieben, und grundsätzlich voneinander unterschiedene Ausrichtungen kommen ans Licht.

Den Inkas gelingt es, so sehr sie bei den religiösen Riten von den älteren Stämmen abhängen, täglich ein wenig ihre Identität zu stärken. Im Zuge der Erfolge in furchterregenden Kriegen, die von den großen Oberhäuptern der Inkas angeführt wurden – wie etwa Sinchi Roca (Sohn des Manco Cápac), Lloque Yupanqui, Mayta Cápac und Cápac Yupanqui –, mit Überfällen und Plünderungen, und mit den Siegen über die feindlichen Mächte, änderte sich die Rolle und die Bedeutung der

Inkas für die Konföderation. Sie werden zu einem unersetzlichen Bestandteil für das Funktionieren der Gemeinschaft, innerhalb derer ihr Einfluss nicht aufhört zu wachsen. Mit der Zeit erlangen sie ein immer größeres Ansehen in der Andenregion.

Als Inka Roca nach dem Tode Cápac Yupanquis zum Oberhaupt der Inkas wird, ist die Zukunft der Konföderation von Cuzco besiegelt. An der Spitze seiner Krieger ergriff der neue *Sinchi* von der Macht Besitz und stürzte die Autorität des *Hanan*. Hiermit setzte er der Konföderation von Cuzco ein jähes Ende.

Seit diesem Moment gab es nur noch eine einzige Macht, nämlich die der Inkas, und die Nachbarstämme mussten sich ihnen wohl oder übel anschließen. Der Sonnenkult wird ihnen aufgezwungen, gleichzeitig geht ihnen ihre bisherige Autonomie verloren.

Das ist die Geburtsstunde des Inkareichs. Etwa zweihundert Jahre brauchte der kleine Indianerstamm, der vermutlich seine Ursprünge im amazonischen Regenwald hatte, um in der Hochebene der Anden sesshaft zu werden und Einfluss über die lokalen Stämme zu erlangen, um dann die Grundfesten von dem zu errichten, was später eines der bedeutendsten Imperien werden sollte, die der Mensch geschaffen hat.

Von der Konföderation von Cuzco zum Inkareich

Die Machtbasis der Inka-Herrschaft ist in erster Linie die von ihr und der Konföderation von Cuzco geschaffene Militärherrschaft.

Ganz folgerichtig, wenn man die Rolle sieht, die sie einst innerhalb dieses „Verbandes" inne hatten, haben die Inkas mit Waffengewalt die Herrschaft übernommen, und sie werden jetzt auch mit Waffen dem Wort „Föderation" ein neues Gesicht geben .... Sie errichteten dank ihrer militärischen Überlegenheit das erste große Reich, das die Vorstellungen der Menschen ihrer Zeit weit übertraf.

Inca Roca ist der erste Herrscher, der den Titel „Inka" verdient. Ein erstklassiger Stratege, dessen Beweggründe nur die Vergrößerung seines Reichs waren, verstärkte er die militärischen Eroberungszüge, in deren Verlauf neue Dörfer, wie Muina und Pinawa, mit ihren Bewohnern zu neuen Vasallen des stetig anwachsenden Inkareichs werden. Diese Vorherrschaft der Inkas über die ehemaligen Nachbarn und Freunde erregte Aufruhr, wenn nicht sogar gewaltsame und blutige Revolten, die die Schwäche des noch jungen Reichs zum Ausdruck bringen sollten. Einem dieser Aufstände der durch die Inkas besiegten Stämme fiel der Sohn und Nachfolger von Inca Roca, Yahar Hucac, zum Opfer, der im Zuge einer Verschwörung ermordet wird.

Es bedarf der Durchsetzungskraft von Viracocha Inca, der um 1400 die Herrschaft übernahm, um die Region zu befrieden und den aufrührerischen Neigungen der unterworfenen Stämme ein Ende zu bereiten. Mit großem Geschick wendete er die allgemeine Meinung zu seinen Gunsten und nutzte die angestaute Energie der unzufriedenen Einwohner für neue Eroberungen. Das Reich gewinnt so die reichen Gegenden von Calca in Urubamba, in denen die Coca-Pflanze und Mais angebaut werden. Dann müssen sich Kanas und Kanchi den „eingegliederten" Stämmen des Inkareichs anschließen, das sich jetzt auf einem Gebiet von 50 Kilometern rund um Cuzco ausdehnt.

Obwohl seine Entwicklung in den vergangenen Jahrzehnten spektakulär war, ist das Inkareich bisher nur ein junger Staat. Jenseits der direkten Nachbarn, die relativ schnell und bequem eingenommen werden konnten, existierte eine große Zahl anderer Ethnien und Stämme, von denen einige seit langer Zeit in ihrer Region verwurzelt waren.

Die Chancas, die mit der Nazca-Kultur[11] verwandt sind

---

[11] Nazca: vorkolumbische Kultur, bedeutend vor allem wegen ihrer Töpferkunst und den großen enigmatischen Zeichen und Figuren, die mitten in der Wüste in den Boden eingezeichnet sind.

und das Pampas-Tal bewohnen – von den Seen von Choclococha bis Apurimac –, sind hierfür das beste Beispiel, und sie erwiesen sich als hcftige Widersacher des entstehenden Inkareichs. Seine Oberhäupter sind reich und mächtig, sie können sich auf die Unterstützung benachbarter und befreundeter Stämme verlassen, wie etwa der Sors, der Pogras und der Rakanas, mit denen sie eine Föderation eingegangen sind, die das gesamte südliche Zentrum der Anden bestimmte.

Nach dem Muster aller bedeutenden Mächte der damaligen Zeit und getragen vom Schub ihrer kraftvollen Entwicklung, werden die Chancas von ihrer Gier ohne Ende getrieben, ihren Einflussbereich kontinuierlich über die bisher erreichten Grenzen hinaus zu erweitern. So nehmen sie, immer noch auf der Suche nach fruchtbaren Böden, die gemäßigten und warmen Zonen der Senke von Albancay ein und überrollen dabei förmlich die Quechuas, die hier zuvor lebten. Diesen Vorstoß setzen sie bis in die Nähe von Cuzco fort.

Wir befinden uns im Jahr 1438. Diese neue Aufgabe – die Chancas bedrohen unmittelbar die Hauptstadt – scheint so etwas wie ein grundlegender Test für das neue Inkareich zu werden.

Viracocha Inca, ermüdet von seiner mehr als fünfunddreißigjährigen Herrschaft, macht sich ein Bild von seiner tatsächlichen Macht und gibt dann dem Druck von außen nach: Angesichts der Aggressivität der Neuankömmlinge zieht er sich mit Urqu, einem seiner Söhne, in die Festung Calca zurück. Seit der Annexion der Konföderation von Cuzco geschah dies zum ersten Mal. Er hatte aber nicht mit dem Stolz und der kriegerischen Energie und Leidenschaft seiner Kämpfer gerechnet, mit denen sich die Inkas weit über das von ihnen kontrollierte Gebiet hinaus einen Namen gemacht hatten. Ein weiterer Sohn Viracocha Incas, Pachacútec, weigerte sich, Cuzco aufzugeben und beschloss, die Belagerer der Stadt zu bekämpfen, koste es, was es wolle. Unterstützt wurde er von seinen Verwandten mütterlicherseits und von Apu Mayta und Vicacirav, zwei herausragenden Feldherrn. Er versammelte unter sich alle, die bereit waren zu kämpfen und es abgelehnt hatten, dem bereits alternden Viracocha in seinen befestigten Rückzugsort zu folgen.

Durch ihre jüngsten militärischen Erfolge bestärkt, sehen die Chancas in der Aufspaltung der Gefolgsleute ihrer Gegner einen Beweis für die Möglichkeit einer risikoarmen Eroberung. An dieser Stelle begehen sie aber einen folgenschweren Fehler: Während sie bereits die Siegeszeremonien vorbereiten, und zwar vor dem Kampf, stellen sie auf leichtsinnige Weise die Statue ihres Ahnen und Begründers aus.

Die Inkas, ihrerseits bereit alles auszunützen, was ihnen ermöglichen könnte, das Blatt doch noch zu wenden, ergreifen die günstige Gelegenheit: Um den Preis eines Blitzangriffs auf feindlichem Boden erbeuten sie die heilige Statue der Chancas und stiften damit große Unruhe unter ihnen. Den Chancas bleibt keine andere Wahl, als sich nach Ichupampa zurückzuziehen, um dort ihre Kräfte erneut zu sammeln. Pachacútec lässt ihnen hierzu keine Zeit: In einer fürchterlichen Schlacht setzt er alle zur Verfügung stehenden Kräfte des Inkareichs ein, tötet die beiden feindlichen Anführer und vernichtet mehrere tausend Kämpfer. Damit ist die Macht der Chancas auf einen Schlag ausgelöscht.

Von jetzt an stellt sich der Hegemoniestellung des Inkareichs in den Hochanden kein Hindernis mehr entgegen. Diesen großen, ruhmreichen Erfolg schreiben sie ihrem Sonnengott zu. Keine Macht ist mehr in der Lage, ihnen etwas entgegenzusetzen. Eine neue Ära ist angebrochen, deren erster Akt die Machtübernahme Pachacútecs war, der seinen Vater absetzte und sich anmaßte, von nun an die *Maskapaicha*[12] zu tragen, die Machtinsignie des Inka-Herrschers.

---

[12] *Maskapaicha*: Stirnband, das alle Inka-Herrscher als Machtinsignie trugen.

Die Zerschlagung der militärischen Macht der Chancas ermöglichte es den Inkas, die weiten Gebiete der Besiegten zurückzugewinnen und ihrem Reich einzuverleiben.

Dies ist die erste Aufgabe, der sich Pachacútec stellte. Trotz allem ließen sich die militärischen Eroberungszüge schwerer als erhofft realisieren: Die überlebenden Chancas-Krieger zogen sich in ihre Festungen zurück, die die Inkas erst nach und nach einnehmen konnten.

Ihre „Befriedung" übertrug Pachacútec auf seinen Bruder Cápac Yupanqui. Er selbst machte sich hingegen daran, die Hochebene – die Seen-Region des *Antiplano* – zu erobern. Er unterwarf die verschiedenen dort lebenden Stämme, so zum Beispiel die Kollas und die Lupakas der Aymara-Kultur. Diese Letztere stammte von der einstigen Tiahuanaco-Kultur ab. Befreit von der einschränkenden – brüderlichen – Vormundschaft des Inka-Herrschers, ließ Cápac Yupanqui seinen Ambitionen freien Lauf: Er begnügte sich nicht damit, die Chancas zu besiegen, sondern entfernte sich von der unmittelbaren Umgebung Cuzcos und beschloss, auch die Anqaras zu unterwerfen. Um dieses Ziel zu erreichen, schlug er mit seiner Armee in Cajamarca ein Lager auf, etwa 1000 Kilometer von der Hauptstadt entfernt, was aus militärischer Sicht einer Verrücktheit gleichkommt. Hierdurch versetzte er seine Truppen in eine schwierige Lage, nicht nur, weil sie jetzt in weiter Entfernung von ihrer Basis und ihrem Versorgungszentrum kampierten, sondern vor allem, weil sie sich in einer Gegend niederließen, in der einige den Inkas feindlich gesinnte Stämme lebten, die zum Teil noch nicht unterworfen waren. Hinzu kam, dass diese Region bereits in einem anderen Einflussbereich lag, nämlich im Herrschaftsgebiet der Chimú, die in diesem Einfall eine Gefahr sehen mussten.

Cápac Yupanqui sollte dieser kühne militärische Feldzug dazu dienen, die Macht in Cuzco an sich zu reißen und seinen Bruder zu stürzen.

Doch er rechnete nicht mit den strategischen Fähigkeiten von Pachacútec, der ihn ohne Zögern umbringen ließ. Um zu zeigen, wer nun wirklich die Macht inne hat, entscheidet Pachacútec nicht ohne Stolz die strategischen Fehler des Verstorbenen zu verantworten und die von den Inkas bereits eroberten Gebiete zu verteidigen, koste es was es wolle.

In den folgenden Monaten unterwirft er mit der Unterstützung seines Sohnes Tupac Inca nacheinander die noch feindlich gesinnten Stämme zwischen Cuzco und dem weit entfernten Stützpunkt in Cajamarca. Einer nach dem anderen werden die Stämme der Anqaras, der Wankas, der Waglas zu Untertanen gemacht. Der Untergang der Hauptstadt der Chancas signalisierte schließlich das Ende des Chimú-Reichs. Als unermüdlicher Eroberer wandte sich Tupac Yupanqui dann nach Norden und unterwarf Quito und Manta.[13]

Nach den Eroberungszügen im fernen Norden, die sieben Jahre dauerten, erreichten die Krieger im Jahre 1470 wieder ihre Hauptstadt Cuzco. Kurz darauf übergab Pachacútec die Herrschaft seinem Sohn Tupac Inca, der sich durch seine militärischen Siege großes Ansehen erworben hatte. Pachacútec kann als wahrer Begründer des Inkareichs bezeichnet werden: „Dieser große Eroberer hinterließ in der Überlieferung die Erinnerung an seine großen Taten sowie an sein organisatorisches Geschick in Bezug auf sein Land und seine Bewohner. Er hatte den Wiederaufbau Cuzcos nach grandiosen Plänen befohlen und ein ausgedehntes Wege- und Botennetz geschaffen, das sich bis zu den Grenzen des Reichs erstreckte. Er hatte ein starkes Heer und eine effiziente bürokratische Verwaltung der Provinzen gebildet, in denen von nun an die „Pax Inca" herrschte. Er wusste organisatorische Weisheit mit schöpferischer Gewalt zu verbinden und verkörperte besser als alle seine Vorgänger und Nachfolger das Bild eines perfekten Herrschers, viel eher noch als dies der le-

[13] Städte des heutigen Ecuador.

gendäre Gründer und erste Herrscher Manko Kapaq ver-
mochte."[14]

In seinem Zenit umfasste das Inkareich ein Territorium
von 4000 Kilometern Länge entlang der Westküste des südamerikanischen Kontinents mit etwa zwölf Millionen Einwohnern. Jenseits dieser geographischen Kategorien ist es in
erster Linie der „Geist der Inkas", diese Einheit im Denken,
die nach und nach einen guten Teil des Kontinents eroberte
und die Menschen und ihr Schicksal bestimmte.

3. Die Gedankenwelt der Inkas

Welcher Epoche man zugehörig ist, welche Epoche man auch
immer betrachtet, es gibt „Zeichen", die nicht trügen. So
manche Völker erheben sich und verschwinden wieder, andere setzen sich durch: Hierbei gibt es keinen Zufall, nur die
Prägung durch eine Bestimmung, sei sie gewöhnlich oder un-
vergleichlich.

Der Werdegang eines Volkes gleicht dem Leben eines jeden
Individuums seiner persönlichen Bahn: es beruht auf dem eigenen Einsatz und dem Anstoß, den es nach außen gibt, oder
der Isolation, die es selbst verursacht und dann auch tragen
muss. Mit dem Unterschied jedoch, dass es sich um eine Zu-
sammenkunft mehrerer individueller Einheiten innerhalb einer Gruppe handelt und somit um eine „Gedanken-Gesamt-
heit von vielen". Und in allen Fällen, in jedem Kontext und
unter allen Umständen ist es immer das, was den Unterschied
ausmacht.

Denken ist das Erbteil jedes Menschen. Seine Gedanken
mit denen anderer Menschen in Einklang zu bringen, in einer
deutlichen Suche nach Harmonisierung, ist auf der anderen
Seite das Kennzeichen von Zivilisation, der ursprünglichen
gemeinsamen Anstrengung des Willens zu leben und zusam-

---

[14] H. Favre: Les Incas, op.cit.

men zu wachsen. Im Laufe der Jahre, der Generationen und Jahrhunderte, entsteht so eine gemeinsame Identität, der Gedanken ebenso wie des Territoriums, die die Zugehörigkeit zu ein und derselben Gruppe kennzeichnet oder, anders gesagt, zu ein und derselben „Art zu denken".

Ganz so finden wir es in der Mitte des 15. Jahrhunderts vor, im Westen des südamerikanischen Kontinentes. Das Volk der Inkas entzieht sich nicht dieser allgemeinen Regel. Seine Geschichte ist reich an vielseitigen Beiträgen, seine Gegenwart an unzähligen Eroberungen. Aber vor allem, noch vor seinem kämpferischen Talent, ist es die Stärke seiner Gedankenwelt, die bemerkenswerte Dynamik seines Geistes und die erstaunliche Klarsicht seiner zivilisatorischen Intuition, die die anderen Völker in den Hintergrund drängte und mit aller Kraft eine natürliche aufsteigende Linie hervorbrachte.

In diesem Sinn war das Schicksal der Inkas unausweichlich, und, warum sollte man es nicht so klar sagen, vorhersehbar. Alles lässt darauf schließen, dass sie es schnell wussten und ahnten. Und zwar seit dem Moment, an dem sie glaubten, sie seien ein göttliches Wesen, und aus ihrem Herrscher – dem Inka – einen Sohn der Sonne machten. Die allmähliche Ausbildung eines facettenreichen Sonnenkultes sollte es ihnen ermöglichen, Stück für Stück die Grundfesten ihrer vollendeten Religion auszubilden. Auf diese Weise haben sie nicht nur ihren Glauben an sich selbst begründet und gestärkt, sondern auch und vor allem an die Rolle, die sie im Kreise der übrigen Menschen spielen mussten.

Die Tatsache, dass sie es innerhalb nicht einmal eines Jahrhunderts geschafft haben, von dem kleinen unbedeutenden Indianerstamm der Anden über die Konföderation von Cuzco zum weitesten und bedeutendsten vorkolumbischen Imperium zu werden, lässt sich nicht nur auf ihre kriegerischen Fähigkeiten, die brillanten Ideen ihrer Feldherrn und ihr geschicktes Paktieren zurückführen. Hierfür bedarf es einer Seele, eines Hauchs, der, wenn er vorbeizieht, alles mit sich fortträgt, und neben den schlichten materiellen Voraussetzungen die große Kraft wirklicher politischer Visionen. Der Übergang – der sich in nur zwei oder drei Generationen vollzog – von der einfachen Besiedlung eines Tales hin zu der Verwaltung eines Territoriums von über 950 000 Quadratkilometern[15] ist fast unbegreiflich. Alles deutet darauf hin, dass keine andere frühere oder spätere Zivilisation es geschafft hätte, eine so erfolgreiche Ausdehnung in so kurzer Zeit zu vollziehen. Das bedeutet, dass es den Inkas wohl bewusst war, welche Rolle sie in diesem Land spielen sollten, in dem mehr als hundert verschiedene Ethnien, Kulturen und Sprachen vertreten waren, denen sie ihre Weltsicht nach ihren Vorstellungen näher brachten.

Mit Sicherheit ist das Amalgam verschiedener politischer Strukturen und Komponenten nicht so einfach, wie es erscheint. Es bringt eine Reihe von Missständen und Widersprüchen mit sich, die zu ebenso vielen Spannungen führten, die ständig unterdrückt werden mussten. Jetzt wird verständlich, warum der Inka-Staat nur als starker Staat bestehen konnte, der seinen Untergebenen strenge Regeln auferlegte, was manchmal sogar dazu führte, dass ganze Bevölkerungsgruppen von einer Region in eine andere umgesiedelt wurden, oder auch dazu, dass alle Söhne der Oberhäupter der untergebenen Stämme in die Hauptstadt gerufen wurden mit dem Ziel, sie dort auszubilden, aber auch, um ihre Väter besser aus der Distanz kontrollieren zu können.

Zivilisatorischer Elan

Es wäre ein grober Fehler, in der Errichtung des Inkareichs nur die Umsetzung eines politischen Willens zu sehen. Hier geht es vielmehr um eine zivilisatorische Eingebung oder Intuition, die darauf abzielt, die eroberten Stämme aus der Barbarei zu befreien. Jenseits von schlichten Rivalitäten zwischen ein-

---

15 Eine Fläche so groß wie Frankreich, Italien, die Schweiz und die Benelux-Staaten zusammen.

zelnen Stämmen werden die Inkas nicht nur um der Beset-
zung eines weiten Territoriums willen zu Eroberern: Sie
drängten die kannibalistischen Praktiken, den Inzest und die
unaufhörlichen Kämpfe zwischen den Stämmen zurück, die
deren Lebenskräfte so sehr geschwächt hatten.

Der Inka wollte eine Welt des Friedens begründen, in der
die Familie alles beherrscht und respektiert wird, wo Kunst
und Kultur weiterentwickelt werden und wo das Göttliche
mit Demut verehrt wird. Dem primitiven Obskurantismus
seiner Nachbarn setzt der Inka das Licht des Sonnengottes Inti
entgegen, er legt großen Wert auf den Einklang mit den Ge-
stirnen und den Elementen. Dies alles entsteht in seinen Augen aus einer Kunst zu leben, aus einer Konzeption von Ehre
und Würde. Da erscheint es sinnvoll, wenn nicht sogar heil-
sam, diese Werte den Besiegten vorzuschlagen oder aufzu-
drücken, selbst wenn sie nicht sofort verstehen, was an sie
heran getragen wird.

Weit davon entfernt, irgendeinen Willen zur Zerstörung gegenüber wem auch immer feststellen zu wollen: Das Volk der
Inka ist seinem Wesen nach ein Volk mit großem organisatorischen Talent, Förderer des Austausches, Erbauer von Städten, von Monumenten, einem Wegenetz, von Bewässerungs-
systemen, aber auch Schöpfer von Kunstwerken, angefangen
bei Keramiken bis hin zu Webarbeiten und Gegenständen aus
Edelmetall. Daneben bringen sie vielseitige Kenntnisse und
Know-how hervor, die ihnen selbst für ihre Entwicklung dien-
lich waren, und fördern jetzt ihre Verbreitung.

Am Anfang steht die Kultur der Inkas für eine bestimmte
Vorstellung von Zivilisation. Die Vergrößerung ihres Imperium gab ihnen nach und nach die Möglichkeit, diese Vorstellung in weitem Umfang zu vermitteln. Was die gewaltsamen
Eroberungen der Inkas angeht, so setzten sie sich hiermit gegenüber grausamen und barbarischen Stämmen durch, deren
schreckliche Übergriffe ihnen keine andere Wahl als den Einsatz von Waffen ließen.

Die Grausamkeit, von denen die Erzählungen der Inkas berichten, sind kein besonderes Merkmal dieser Ethnie. So wird zum Beispiel erzählt, dass die gefangen genommenen Oberhäupter der besiegten Stämme vom Inka-Herrscher mit den Füßen getreten werden, bevor sie geköpft wurden, dass man ihre Schädel zu Trinkgefäßen verarbeitete, aus ihren Knochen Flöten herstellte, ihre Zähne zu Ketten knüpfte und ihre Haut trocknete, um mit ihr Trommeln zu bespannen. Dies alles sind Merkmale einer Epoche, in der die symbolische Überwindung des Feindes und seiner persönlichen Attribute zu seiner Vernichtung gehörte.

Seit den unerwarteten Siegen von Pachacútec über die Chancas tritt das Inkareich in die Spirale der Eroberungen ein, die nicht mehr enden sollte: Jeder neue Sieg löste den Zusammenstoß mit den unmittelbaren neuen Nachbarn aus, die wiederum Kämpfe provozierten, die dann zu einer weiteren Ausdehnung des Inkareichs führten. So nahm die Hegemonie der Inkas über ein immer größeres Territorium Gestalt an, die diese Kultur zu ihrem ruhmreichen Höhepunkt führen wird. Diese Hegemoniestellung trägt aber bereits die Zeichen ihres Niedergangs einige Jahrzehnte später in sich.

Das „Gemeinschaftsprojekt"

Bis dahin entwickelte sich das Inkareich, indem es Tag für Tag seine eigene Identität herausbildete. Auch innerhalb seiner Grenzen „ernährte" man sich von den unaufhörlichen Kriegen in den weit entfernten Gebieten. Mit der Zeit beschränkten sich die expansionistischen Bestrebungen des Inkareichs nicht nur auf den militärischen und befriedenden, ja sogar zivilisatorischen Aspekt: Sie dienten auch als Bindeglied für alle unter dem Banner der Inkas vereinten Völker. In diesem frühen Stadium nahmen die Eroberungszüge eine föderative, eine verbindende Rolle ein. Indem sie Rebellionen im Keim erstickten, wurden die Feldzüge zu einem „Gemeinschaftsprojekt" ersten Ranges, das zu einem großen inneren Zusammenhalt des Reichs führte.

In den Eroberungszügen konnte der Besiegte von gestern als neuer Krieger der Inkas im Kampf gegen diesen oder jenen Stamm, über den Umweg von in den Kämpfen erlangtem Ruhm, Gewinne und Belohnungen, Ehrentitel, Privilegien und Ansehen erlangen. Somit erhielt er – wie in seinem alten Stamm – eine Perspektive des sozialen Aufstiegs für sich selbst und die Seinen.

So zogen die eben erst eroberten Völker aus dem Sieg über den nächsten Stamm ihren ganz persönlichen Nutzen, wobei letztere wiederum günstige Arbeitskräfte zur Verfügung stellten. Aber es gab auch eine Schattenseite dieses Systems: Die Feldzüge mussten immer weiter geführt werden, und so drangen die Inkas in immer entlegenere Gebiete vor und entfernten sich, um den Interessen der neu Unterworfenen zu genügen, auf gefährliche Weise von ihrer Hauptstadt Cuzco. Dies führte fast zwangsläufig zu neuen Problemen. Durch den enormen Zuwachs an immer neuen Kriegern wurden die Inkas zu einer Minderheit in den Reihen der Kämpfer. Eine logische Konsequenz hieraus war die steigende Zahl an Aufständen innerhalb der Armee und die zunehmenden Missstände innerhalb des sonst so florierenden Inkareichs.

Eine strenge Theokratie

Die Bedeutung der Kriegskunst für das Inkareich darf nicht darüber hinweg täuschen, dass es sich bei diesem Staat um eine nach einem strengen Kastensystem organisierte Theokratie handelt, an dessen Spitze der Inka thront, der wie ein lebender Gott verehrt wird. Er kann über Leben und Tod seiner Untertanen entscheiden und regiert ohne Einschränkungen, lediglich einige kleinere Bereiche delegiert er an Angehörige der Herrscherfamilie. In der Machtpyramide bildet sich unmittelbar unter dem Herrscher eine aristokratische Schicht heraus, gefolgt von den Beamten des Imperiums, dem niederen Adel und schließlich dem einfachen Volk.

Hierbei handelt es sich um eine sehr durchdachte und

zweckgerichtete Hierarchie, in der nicht die kleinste Entscheidung oder Auswahl dem Zufall überlassen wird. Nicht zu vergessen, dass sich die Kultur der Inkas aus dem Substrat ihrer Vorläufer, der Aymara, Nazca und Yunca, herausgebildet hat. Bereits seit einiger Zeit wurden Inkas zu Meistern in der Kunst der sozialen Organisation. Das Imperium, das als *Tahuantinsuyu* bezeichnet wurde (als „Land der vier Viertel"), ist in vier große Regionen aufgeteilt. Jede diese Regionen gliedert sich in Provinzen; die Provinzen wiederum beruhen auf kleineren sozio-ökonomischen Einheiten. Das Grundelement der Andengesellschaft ist schließlich das *Ayllú*, das auf Verwandtschaft, gemeinsamen Vorfahren und gemeinsamem Landeigentum basiert.

Die vier Regionen des *Tahuantinsuyu* werden jeweils von einem Würdenträger regiert, der ebenfalls aus der Familie des Inka stammt. Seine Aufgabe ist es, die Region zu verwalten, ihr Funktionieren zu überwachen, die Interessen des Staates zu vertreten und durchzusetzen.

Vom höchsten bis zum niedrigsten Rang kontrolliert der Staat in diesem Organisationssystem alles durch die Experten der Regierung: die Bevölkerung, die Truppen, die Kultivierung der Felder, die Abgabe von den Ernten (ein Drittel erhält der Souverän, ein Drittel der Staat und das letzte Drittel verbleibt bei der Bevölkerung), die Bauprojekte usw.

Auf der untersten Stufe der Inka-Gesellschaft findet sich der *Ayllú*, der Familienverband. Die *Ayllús* haben untereinander ein asymmetrisches Verhältnis, manche von ihnen schließen sich zusammen und wählen einen aus ihren Reihen zu ihrem Oberhaupt. So ist diese Ebene der Gesellschaft von zahlreichen Clans bestimmt, mit unterschiedlicher Macht und Bedeutung, die auch untereinander Verbindungen eingehen, da sie sich unter dem stärksten Clanführer zusammenschließen, der so in der Rangfolge der Gesellschaft höher steigt.

Wichtig ist festzuhalten, dass die *Ayllús* durch eine Reihe von Verpflichtungen an die Clans gebunden sind. Ihr Oberhaupt, der *Kurala*, muss eine bestimmte Menge an Arbeitsleistungen erbringen, die vom Umfang der Ländereien abhängen, die er vom Staat erhalten hat. Die Abgaben der Untertanen erfolgen demnach viel weniger in Form von Agrarerzeugnissen als in Form von kollektiven Arbeiten, die je nach Bedarf mit der Produktion von Gütern (Landwirtschaft, Viehzucht usw.), mit großen Baumaßnahmen oder dem militärischen Dienst abgedeckt werden.

Wenn der entsprechende Teil an den Staat abgegeben wurde, gehört es auch zu den Aufgaben des *Kurala*, den verbleibenden Rest unter den Mitgliedern des *Ayllú* aufzuteilen. Dieses „Redistributionssystem" verbindet die einzelnen Bestandteile der Gesellschaft untereinander, sowohl horizontal aus auch vertikal: „(...) *genauso wie die verschiedenen Ayllús untereinander und in Abhängigkeit zu ihrem Clanführer verbunden waren, konnten mehrere Clanführer untereinander mit einem Anführer aus ihren Reihen verbunden sein und so einen noch größeren Clan bilden. Dabei bildete die höher liegende Struktur die untere nach, die sie mit einschloss, so dass die Machtstrukturen, die in der höheren Struktur bestanden, diejenigen in der zweiten wiederholten, die ihr unterstellt war. In jeder dieser beiden Ebenen und unter ihnen funktionierte ein und dasselbe Redistributionssystem. (...) Diese Clans oder deren Zusammenschlüsse konnten größere oder kleinere, dicht oder weniger dicht besiedelte Gebiete umfassen. Einige entsprachen ethnischen Gruppen, die ein Gebiet von zum Teil mehreren zehntausend Quadratkilometern bewohnten. Andere entsprachen kleineren Stämmen, die sich zum Beispiel in einem kleinen Tal niedergelassen hatten.*"[16]

Die Hierarchisierung der Inka-Herrschaft findet sich demnach in allen Stufen der Gesellschaft wieder, je stärker sich Macht und Präsenz der sozialen Klassen – wie sie zu nennen man wohl gezwungen ist – ausprägen. Wie beim einfachen Volk findet sich auch auf jeder anderen Stufe der Gesellschaft die

---

[16] H. Favre: Les Incas, op.cit.

gleiche Anordnung von vertikalen und horizontalen Abhängigkeiten, so zum Beispiel bei den Handwerkern (Schmiede, Schmuckhersteller, Steinmetze, Weber und Architekten ...), bei den *Crejones*, den Würdenträgern, die erbliche Ämter inne haben, oder bei den *Curacas*, den lokalen Oberhäuptern eines oder mehrerer *Ayllú*. Am oberen Ende der Pyramide befindet sich direkt unter dem Souverän die Sonnen-Kaste. Sie besteht aus direkten Verwandten des obersten Inka und folgt ebenfalls den Gesetzen eines Universums, in dem die soziale Rolle und der Vorrang sowie die Stellung eines jeden vorherbestimmt sind und auf die Ordnung der Welt Bezug nehmen, und in dem also den Institutionen absoluter Respekt zukommt.

So teilt sich der Blutsadel der Inkas in zwei „Familien", die keiner zu verwechseln wagen würde: Der „Sonnen"-Adel, der aus reinblütigen Blutsverwandten besteht, und an zweiter Stelle die unehelichen adligen Nachkommen des Inka. Aus diesen beiden Kerngruppen des Inka-Imperiums wählt der Souverän die hohen Würdenträger seines Reichs: die *Sinchis* (Heerführer), die *Huacacamayocs* (Sonnenpriester), die *Quipucamayocs* (Schriftbeamte für die Knotenschrift), die *Hampicmayocs* (Ärzte), die *Amautas* (die Weisen und Philosophen) und schließlich die *Arawikkunas* (Dichter und Astronomen usw.).

Die wirkliche Tragweite der Gedankenwelt der Inka erschließt sich nur, wenn man immer und überall den hohen Grad an Hierarchisierung mit einrechnet. Manchmal, vor allem im weltlichen Bereich, nimmt diese sogar die Merkmale einer tyrannischen Herrschaft an und spiegelt die sehr zentralistisch organisierte Staatsmacht wider.

Folglich kommt es fast schon einem Paradox gleich, wenn man betrachtet, mit welcher Ausgangslage es die Inkas vermochten, ein Imperium diesen Ausmaßes zu errichten. Auch diesen Umstand verdanken sie ihrem erfinderischen Geist. Schon früh suchen sie Möglichkeiten, ihren Willen zur Ausdehnung des Herrschaftsgebiets mit ihrer sozialen Organisationsform in Einklang zu bringen.

Sie beweisen, dass man eine starke Macht ausüben und gleichzeitig ein großes Gebiet verwalten kann, indem man die Untergebenen in die Strukturen des Staates integriert: Sei es, indem man ihnen Verantwortung überträgt und sie so zu „Delegierten" ihrer Ethnien werden lässt, sei es, indem man die Söhne der Oberhäupter nach Cuzco ruft, wie es bereits angesprochen wurde, und aus ihnen hohe Beamte oder Militärs macht, sie aber in Wirklichkeit gleichzeitig als Garantie dafür gebraucht, dass ihre Väter oder Brüder sich nicht gegen die Inka-Herrschaft erheben.

Diese sehr ausgeklügelte Organisationsform wird in der aufsteigende Periode des Inka-Imperium seine Stärke ausmachen. Während der groß angelegten Feldzüge ermöglicht dies eine überwältigende Ausdehnung ihrer Herrschaft: Auf lange Sicht gesehen wird es aber auch eine der Ursachen für den ebenso raschen Zerfall sein, da die unterworfenen Clanführer schnell ihre ursprüngliche Autonomie wiederfinden, als die spanischen Eroberer den peruanischen Boden betreten und es vermögen, Zwist und Uneinigkeit bei den Untertanen der Inkas zu säen, die alte Feindseligkeiten wieder aufleben lassen.

Cuzco, die Gipfelstadt

Die vier Teile des *Tahuantinsuyu*, des Herrschaftsgebietes, gruppieren sich um Cuzco, die Hauptstadt, die sie als „Nabel der Welt" ansehen. Die Stadt selbst, eigentliches politisches Herz des Imperiums, aber auch Sinnbild der dominierenden Ethnie, ist gerastert, in vier Teile geteilt und organisiert.

Cuzco teilt sich in zwei Bereiche: *Hanan* und *Hurin*. Hanan-Cuzco ist die „hohe Stadt", Hurin-Cuzco die „untere Stadt". Die beiden Teile haben eine Ausrichtung von Südwest nach Nordost und werden durch den Fluss *Huataura* voneinander getrennt.

Was zunächst eine einfache Ansammlung von Hütten auf etwa 4000 Metern Höhe war, wo sich die Inkas nach einer langen Phase der Suche niedergelassen haben, ist vor allem unter

Pachacútec zu einer blühenden Stadt geworden. So zählte das Zentrum des Inkareichs an seinem Höhepunkt 60 000 Einwohner. Die prächtigen Wohnhäuser, die fast ausschließlich für die Würdenträger der Inkas reserviert waren, waren aus Stein gebaut. Viele Gebäude, in erster Linie der Sonnentempel, strahlen eine große Pracht aus. Allein das *Acclahuasi*, das „Haus der ausgewählten Frauen", beherbergte an die 4000 Frauen und Mädchen, die unter anderem für den Sonnendienst bestimmt waren.

Oberhalb von Cuzco wurde die furchterregende Inka-Festung *Sacsayhuamán* errichtet, die aus einer ganzen Reihe von Kasernen besteht, über die sich ein fünfstöckiger Turm erhebt. Diese Festung, in der eine Garnison von mehr als 5000 bewaffneten Männern untergebracht werden konnte, wird durch drei Steinwälle gesichert, die mit dem architektonischen Genie der Inkas erbaut sind und deren megalithische Steinblöcke zum Teil eine Höhe von vier Metern erreichen und an die hundert Tonnen wiegen.

Eine hoch spirituelle Gedankenwelt

Die Aufteilung Cuzcos in vier Bereiche ist nicht nur geographisch bestimmt, sondern viel eher Ausdruck ihrer hoch spirituellen Gedankenwelt, die auf bestimmten kosmogonischen Vorstellungen beruht und sich auch in den Konzeptionen der Inkas über die Gestalt des Universums wiederfinden lässt. Die Vorstellung von einem hierarchisch strukturierten Universum spiegelt die Konzeption von Opposition und Komplementarität wider und taucht in vielen Bereichen und auf fast allen Ebenen der Staatsorganisation auf.

Für die meisten der Andenvölker steht alles, was existiert, in dem direkten Bezug, in der engen Verzahnung, die die Welt der Menschen und die Welt der Götter verbindet.

„Das Universum ordnet sich symbolisch in eine Reihe von Entsprechungen, in denen das Hohe das Tiefe dominiert, das Rechte das Linke, das Männliche das Weibliche, oder auch

das Trockene das Feuchte und das Zivilisierte das Wilde ...
Ohne diese Oppositionen oder Gegensätze existierte das Universum nicht. Diese Prinzipien sind aber keine Antagonismen. Sie sind Bestandteil einer Einheit aus Gegensätzlichem, einem vollkommenen Gleichgewicht. Nach diesen Prinzipien hat der Inka ein doppeltes Gesicht, nämlich ein politisches und ein religiöses. Tatsächlich gibt es häufig auch zwei Inkas: den Sapa Inca, den Anführer in allen politischen, wirtschaftlichen und militärischen Angelegenheiten, sowie einen zweiten Inka für den religiösen Bereich, zumeist der Bruder oder Onkel des ersten Inkas. Der Sapa Inca ist Hanan, das männliche Prinzip, und wohnt in der „hohen Stadt". Der zweite Inka ist Hurin und wohnt in der „unteren Stadt". Der Sapa Inca ist der „Sohn der Sonne", der zweite Inka ist der „Sklave der Sonne", was auf signifikante Weise die Bedeutung des ersten gegenüber dem zweiten, unbedeutenderen darstellt."[17]

---

[17] F. Gall u. B. Abrigeon: Des trains pas comme les autres: Pérou, Bolivie, Équateur, au pays des Incas, série télévisée Antenne2/ CD-ROM Syrinx, 1997.

II. Teil:
Die Lehre

Auf ungefähr 4000 Metern Höhe, in einer Landschaft, die von Bergketten, Schluchten, eingeschlossenen Tälern und beeindruckenden Gebirgsausläufern geprägt ist, entsteht vor unseren Augen mit einem Mal eine Zivilisation, die aus einem morgendlichen Nebel hervorzutreten scheint.

In einer anderen Zeit, an einem anderen Ort, weit entfernt von dem unsrigen, verläuft das Leben, klar und hervorsprudelnd wie ein Wasserfall, aber auch glühend wie ein unerbittlicher Sonnenstrahl. Und dort, hoch oben, auf dieser an die Berghänge geklammerten Erde, entwickeln sich die Menschen in einer anderen Weise, vielleicht weil sie dem Himmel so nah sind.

Menschen, die gleichzeitig Umherziehende, Erbauer, Krieger und Eroberer sind, errichten hier in nur wenigen Jahrzehnten ein gigantisches Reich, in einem Gebiet, in dem sich andere Stämme damit begnügt hätten, eine Möglichkeit des Überlebens in diesem rauen Klima der Anden zu schaffen. Plötzlich erscheint uns, in ihrer offensichtlichen Wahrheit, die Stärke eines Volkes, der überwältigende Ausdruck einer Ethnie, der sich sowohl den anderen als auch sich selbst offenbart.

Männer und Frauen leben ihren Alltag dort, wo es anderen an Sauerstoff fehlen würde, sie hingegen scheinen mit einer großen Anpassungsfähigkeit ausgestattet zu sein. Und hinter der Mühe des Alltäglichen, im Schatten der Ansprüche einer starken Macht, zeichnen sich schon bald die Silhouetten, das geistige Profil von Individuen ab, die ganz offensichtlich außerhalb des Gewöhnlichen liegen.

Es sind Menschen, die nicht alleine von purem Lebens-

und Überlebenswillen getragen werden, sondern auch und vor allem von einem starken Glauben, der sie mit Inbrunst die Sonne anbeten lässt, der sie sich so nah fühlen.

Schnell setzt sich das Offensichtliche durch. Es ist nicht nur eine Zivilisation, die sich in unsrer Zeitreise vor unseren Augen erhebt, eine Folge von Herrschern, die sich verzweifelt an ihre Macht klammern, um ihre eigenen Ambitionen durchzusetzen, kriegführende Marionetten, die ihren schlechten Neigungen nachgeben: hinter ihren beeindruckenden materiellen Hinterlassenschaften, hinter dem erstaunlichen zivilisatorischen Willen der Inkas tritt nichts weniger als eine der faszinierendsten spirituellen Bewegungen der gesamten Menschheitsgeschichte zutage.

Eine Geschichte des Glaubens und des Vertrauens, eines vollkommenen Einverständnisses, der Opferbereitschaft und Dankbarkeit, der kosmischen Kraft und der Unterwerfung des Menschen, eines direkten Bezugs zwischen den Menschen und der Macht der Sonne in allen Lebenslagen – bis hin zu den Grundlagen der eigenen Existenz.

Jetzt bleibt uns nur noch zu vollenden, was uns aufgetragen wurde, und was unsere lange Zeitreise rechtfertigt. Treten wir jetzt ein in die Welt der Sonnenanbeter ...

4. Die Entstehung einer Sonnenreligion

Jedwede Zivilisation entstand aus dem Zusammenschluss von Individuen, der eine Gesellschaft ausgehend von den gemeinsamen Prinzipien ins Leben gerufen hat. Jenseits praktischer Gesichtspunkte bedarf es eines einheitlichen Gedankengutes, eines inneren Einklanges, der den Erwartungen und Absichten der Einzelnen als Kristallisationspunkt dienen kann. Mythen und Spiritualität sind hierbei in der Regel wichtige Vektoren, die den Durst nach Absolutem stillen, wie er in allen Menschen verankert ist, egal ob Mann oder Frau, egal welchen Alters oder welcher Epoche.

Diese Vorahnung anderer Dimensionen, einer möglichen Existenz auf mehreren Ebenen, kann jeder Einzelne erfahren, der nur ein wenig die Augen geöffnet hält, sobald cr aufmerksam beobachtet, was ihn im alltäglichen Leben umgibt – die Sterne am Firmament oder die Tiere um uns herum, die Zeichen, die einem hier und da in der Natur begegnen und ihr Kausalzusammenhang mit der Realität – und der sich auf diese Umgebung einlässt. Die Vielseitigkeit der Lebensformen, der Ausdrucksformen jener Energie, die alles Lebendige in Bewegung hält, öffnet eine Tür zu jedem Fragen, jedem Glauben, aber auch zu einer Reihe von Gewissheiten.

So wird der Glaube geboren, an sich selbst, an andere, an eine unfassbare Kraft, von der in allen Dingen eine Vorahnung existiert, oder an einem oder mehrere Götter, die die Aufgabe haben, die Menschen auf ihrem unsicheren Weg in die Zukunft und auf ihren Irrwegen als einfache sterbliche Wesen zu begleiten.

Denn der Tod ist allgegenwärtig in den Gedanken der Menschen, genauso wie im Leben derjenigen, die sie umgeben und eines Tages von ihnen gehen werden, sie verlassen, um die Welt der Lebenden gegen die unsichere Welt der Verstorbenen einzutauschen.

So errichtet jedes Individuum Systeme, ist mit einer fernen Vergangenheit verbunden, geht Entsprechungen nach, bringt ein Geschlecht hervor, das göttlich sein könnte und findet Gründe zu der Hoffnung, dass alles einen Sinn hat.

Und plötzlich entdecken die Menschen, über den Umweg einer Suche nach sich selbst, dass nichts anderes wirklich bedeutsam ist, als dem Leben einen Sinn zu geben.

Der religiöse Kontext

Man kann die wahre Tragweite von dem, was man mit Fug und Recht als „Religion der Inkas" bezeichnen kann, nur erfassen, wenn man ihre Entstehungsgeschichte betrachtet. In der Tat ist die Denkweise und besonders der Glaube der Inkas stark von den unzähligen Beiträgen anderer bestimmt: In erster Linie haben die Kulturen, die vor den Inkas die Andengegend bewohnten, im Laufe der Zeit ihre Spuren in der Gedankenwelt der Inkas hinterlassen.

Gegen 500 verehrte die Mochica-Kultur der Küstengegend den Jaguar als göttlichen König.

Später, um das Jahr 1000, in den Hochebenen der Anden, bildete sich die Religion der Tiahuanaco-Kultur heraus, die Tiere in ihren Kult mit einbezog sowie ein Element, das für die Zukunft besonders wichtig wird: die Anbetung der Sonne. Aus diesem Grund wurde am südlichen Ufer des Titicaca-Sees das berühmte monolithische „Sonnentor" errichtet, auf dem in einem Fries 48 „Engel"-Figuren abgebildet sind, die eine zentrale Gottheit umringen, deren Kopf ein Strahlenkranz schmückt und deren Gesicht mit Tränen bedeckt ist. Diese Merkmale lassen sich später im Gott Viracocha wiederfinden, der zentralen Gottheit des Pantheons der Inkas.

Zu Beginn seiner Geschichte lebte der Stamm der Inkas in der Hochebene nördlich des Titicaca-Sees. Es besteht kein Zweifel darüber, dass er die kulturelle Basis seiner Religion der Zivilisation der Tiahuanacos verdankt.

Die Vorstellung des „Teilens" ist sehr bedeutsam, da sie in vollkommener Weise das verdeutlicht, was einige Jahrhunderte später die Grundzüge der Religion des Inkareichs ausmacht. Man kann in der Tat zu keinem Zeitpunkt von einer einheitlichen Religion sprechen, die im gesamten Herrschaftsgebiet von allen unterworfenen Völkern praktiziert würde, sondern vielmehr von der Koexistenz einer offiziellen Staatsreligion und lokalen religiösen Praktiken einzelner Ethnien, die von den Inkas nicht unterdrückt werden können: *„Wie man es von einem so stark durch den Staat kontrollierten System erwarten kann, wurde der Versuch unternommen, eine einheitliche Ideologie durchzusetzen, nämlich das Dogma des Inka, eines heiligen, den Schöpfer repräsentierenden Herrschers. Die von den unterworfenen Stämmen verehrten Idole wurden nach Cuzco gebracht, wo sie von nun an als niedere Gottheiten verehrt wur-*

den, während der Kult der Hauptgötter der Inkas bei den neuen Untertanen verbreitet wurde. Dieses missionarische Werk, das durch große Umsiedelungsprojekte ganzer Ethnien unterstützt wurde, stärkte die politische Integration des so weit ausgedehnten Imperiums. (...) Trotzdem herrschte nur scheinbar eine religiöse Einheit. Es gab zwar eine Staatsreligion, aber der Glaube der unterworfenen Völker hielt sich ebenso wie die Volksreligiosität der ländlichen Bevölkerung. "[18]

Ebensowenig wie die religiösen Praktiken einer früheren Epoche verschwiegen werden sollten, darf auch nicht das direkte Umfeld außer Acht gelassen werden, in dem sich Religion entwickelte, die zur Staatsreligion erhoben wurde.

Im Herzen der Anden, auf dem peruanischen *Antiplano*, wo die Luft dünn ist und die Nächte oft bitterkalt werden, haben die Menschen viel eher empor geschaut als nach unten. Sie beteten die sie umgebende Natur an: die unerreichbaren Gipfel, die majestätischen Wasserfälle oder die schwindelerregenden Abgründe, aber auch Naturphänomene wie Blitze, Gewitter oder Regenfälle. Hieraus entstanden rituelle Zeremonien, bei denen man um Schutz bat, vor allem solche, mit denen die Gläubigen vor der Gewalt der Elemente bewahrt werden sollten.

Über alledem steht die Anbetung der Sonne, die sich mit der Zeit in ihrer alles überragenden Bedeutung herauskristallisiert. Die Sonne wärmt nicht nur den Körper, sie ermöglicht es dem Leben, zu gedeihen und sich in einer Umwelt einzurichten, die zwar vertraut ist, aber auch sehr harte Bedingungen auferlegt. Die Sonne, eine Magierin reicher Ernten, lässt Schnee zu Wasser schmelzen und gibt so allem, was im Andengebirge wächst und gedeiht, seine Nahrungsquelle.

So nimmt es nicht wunder, dass sich gerade in dieser Gegend ein „Sonnen-Kult" ausbildet. Er wird auf alle Provinzen des Inkareichs übertragen und wird sich so nach und nach in

---

[18] Histoire des religions, III, coll. „Encyclopédie de la Pléiade", éd. Gallimard, 1976.

allen Teilen des südamerikanischen Kontinents ausbreiten, bis er zu einem kultischen und kulturellen Phänomen wird, von dem in diesem Ausmaß kaum Vorläufer zu finden sind.

Die Religion der Inkas

Das Prinzip der Staatsreligion ist in den Organisationsformen der politischen Macht des Staates verankert. Deshalb tragen alle Bestandteile der Religion dazu bei, die Macht des Staates zu festigen, im besonderen Fall – bei den Inkas –, die des Herrschers. So haben die Götter und alle, die sie verehren, die Aufgabe, den Herrscher zu unterstützen und zu stärken, sei es, indem sie für fruchtbare Felder sorgen, die sozialen Organisationsformen im Alltäglichen dynamisieren, das Wohlergehen der Bevölkerung garantieren oder Siege in den Kriegen erzielen. Im Lichte dieses Zugangs zu den Strukturen des Inkareichs erkennt man besser, warum sich die Inka-Religion mit einem Pantheon der Götter ausgestattet hat, deren Struktur der Hierarchie im Staat entspricht. Die Priester waren seither dem Blick und der Einflussnahme der Autorität des Herrschers unterworfen.

So machte zum Beispiel Pachacútec während seiner Regentschaft[19] Viracocha zur höchsten Gottheit des Inkareichs. Zuvor war Viracocha nur der Gott seines Vaters gewesen, jetzt löste er den Sonnengott in seiner herausragenden Stellung ab. Ziel dieser Maßnahme war wohl, die religiöse Vereinheitlichung seines Landes zu beschleunigen. Dennoch blieb dieser Vorstoß zunächst auf den Hof und die Priesterschaft beschränkt,[20] das einfache Volk bevorzugte im Großen und Ganzen seine Verbindung zu den gewohnten Gottheiten, den *Huacas*[21].

In der Tat haben die Inkas zu allem Heiligen einen bestän-

---

[19] Pachacútec lebte bis 1471.
[20] Hieraus erklärt sich leicht, warum der Viracocha-Kult mit dem Untergang des Inka-Imperiums verschwindet, während hingegen der *Huaca*-Kult bis ins 20. Jahrhundert reicht.
[21] *Huacas* sind kultische Orte oder Gegenstände, die man von einer Gottheit bewohnt glaubte.

digen und direkten Bezug: Es bestimmt jeden Augenblick des alltäglichen Lebens. Die Inkas glaubten, dass das Heilige im gesamten Universum zu finden ist, in allen seinen Gestalten. Die Lebensenergie, die dem Universum innewohnt und es belebt, findet sich in allen seinen Formen, in allen Dingen und an allen Orten. Das sind die *Huacas*. Der kleinste Gegenstand, die winzigste Statue, aber auch der höchste Berg oder der gewundendste Fluss kann ein *Huaca* sein und als solcher verehrt werden. So hat jede Ethnie des weiten Inkareichs seine heiligen Gegenstände und Orte, die sie anbetet und die nicht zwingend mit denen ihrer Nachbarn übereinstimmen müssen.

Die Gottheiten der Inkas

Oberhalb der mehreren hundert, vielleicht über tausend *Huacas*, die das tägliche Leben der Inkas bestimmen, steht das Pantheon der Hauptgötter der Inkas. Sie werden offiziell als die Schöpfer und Bewahrer allen Lebens verehrt.

Inti

Inti ist der Sonnengott. Er ist der Ahnherr der Herrscherfamilie. Zusammen mit der Mondgöttin überwacht er die Fruchtbarkeit der Felder, die für das Überleben der Inkas in der Hochebene der Anden so bedeutsam ist. Der Inti-Kult wurde in allen Provinzen des Inkareichs eingeführt, in denen man ihm daraufhin einen Tempel errichtete: den *Coriancha*. Er wird auch als Zeichen der Vorherrschaft der Inkas über die unterworfenen Völker gesehen.[22]

---

[22] „Heute noch feiert man Inti Raymi, das Fest der Sonne, am 24. Juni auf der Esplanade der Festung Sacsayhuaman in der Nähe von Cuzco, so wie bereits vor fünfhundert Jahren." F. Gall u. B. Abrigeon: Des trains pas comme les autres ..., op. cit.

51

Viracocha

Viracocha wird als Schöpfer und Herrscher über alles Lebende verehrt – er hat mehrere aufeinanderfolgende Schöpfungen der Erde und des Menschen geleitet. Mit Sicherheit ist er einer der ältesten Gottheiten des Pantheons der Inkas, der am Anfang zum höchsten Gott erhoben wurde, bevor er vom Sonnengott abgelöst wurde.

Nach der Vollendung der Schöpfung soll Viracocha den Menschen in menschlicher Gestalt erschienen sein, um sie die Regeln der Weisheit zu lehren, die grundlegenden Gesetze der Zivilisation. Nachdem sein Werk vollendet war, warf er seinen Mantel anstelle eines Bootes auf das Wasser, um auf ihm der untergehenden Sonne entgegen zu fahren und dort zu verschwinden, nicht ohne jedoch seine Rückkehr anzukündigen. Seit dieser Zeit warten die Inkas auf die Rückkehr dieses weißen und bärtigen Gottes aus westlicher Richtung.[23]

Viracocha ist der Gott des Himmels, des Unwetters, der Gewitter und der Regenfälle sowie fast aller anderen meteorologischen Phänomene. Weit entfernt und kaum erreichbar für das einfache Volk spielt er eine sehr wichtige Rolle im täglichen Leben, häufige und regelmäßige Opfer spiegeln anschaulich seine Bedeutung wider. Er hat einen unbestreitbaren Einfluss auf das Pantheon der anderen Götter, in deren Mittelpunkt der Sonnengott steht. Aus diesem Grund werden die meisten Gottheiten als Delegierte des Sonnengottes angesehen, die den Auftrag haben, über das Gelingen der menschlichen Angelegenheiten zu wachen.

Seine Statue aus feinem Gold thront über dem Sonnentempel in Cuzco. Doch bevor sie errichtet wurde, findet sich seine

---

[23] Hieraus erklärt sich, wie es nur einer Handvoll spanischer Conquistadoren gelingen konnte, die Übermacht der Inkas zu besiegen, nämlich indem sie sich diesen Mythos zunutze machten. Die Inkas sahen in Francisco Pizzaro und seinen Kriegern die Nachkommen Viracochas. Dieses Phänomen findet sich auch bei den Azteken und Mayas.

Gestalt schon in dem „Sonnentor" der Tiahuanaco, am Südufer des Titicaca-Sees. Das Fest zu Ehren von Viracocha wird im August gefeiert.

Inti Illapa

Inti Illapa, auch „Blitzschleuderer" genannt, wird von den Inkas sehr gefürchtet und geehrt. Man schreibt ihm die Fähigkeit zu, Himmel und Erde miteinander zu verbinden, indem er Blitze schleudert. Außerdem ist er der Herr des Regens und des Hagels, so dass man ihn in Trockenheitsperioden mit noch größerer Inbrunst anbetet.[24]

Quilla

Quilla ist die Mondgöttin. Sie ist gleichzeitig die Tochter und die Frau des Sonnengottes Inti. Ihr Bild ist eine Scheibe aus Silber, die man oft neben der Scheibe aus Gold findet, die den Sonnengott darstellt. Sie hat einen besonderen Altarraum im Herzen des Sonnentempel Coriancha in Cuzco.

Amaru

Amaru ist der Regenbogen. Er thront im Himmel und nimmt deshalb eine besondere Stellung im Pantheon der Götter ein. Pachacútec benennt aus diesem Grund einen seiner Söhne nach ihm.[25] In Coriancha ist auch ihm ein eigener Raum gewidmet.

---

[24] Noch heutzutage ist Inti Illapa der Schutzpatron zahlreicher peruanischer Städte, obwohl die Spanier versucht hatten, ihn mit Santiago (dem heiligen Jakobus) in Beziehung zu setzen.
[25] Amaru hätte auch die Erbfolge antreten sollen, aber schließlich übernahm ein anderer Sohn Pachacútecs die Regentschaft, nämlich Tupac Yupanqui.

Pachacámac

Der Name Pachacámac bedeutet wörtlich übersetzt „Herr der Erde". Er ist der Gott des Universums.

Pachamama

Pachamama ist eine der ältesten Gottheiten der Inkas. Sie ist die Frau von Pachacámac, die ursprüngliche Mutter Erde und die unerschöpfliche Quelle der Fruchtbarkeit. Zusammen mit den Sternen wacht sie über die Lamaherden.[26]

Neben diesen Gottheiten existieren eine Reihe von Schutzpatronen für die Bauern und für alle ihre täglichen Arbeiten. Die meisten von ihnen werden durch Idole dargestellt, die im Sonnentempel von Cuzco aufbewahrt wurden.

Ein religiöses „System"

Neben der sehr effizienten Organisation des weltlichen Lebens wurde auch ein ebenso erfolgreiches religiöses System eingeführt, nämlich das der *Ceques*. Diese *Ceques* sind gedachte Linien, auf denen sich die *Huacas*, die heiligen Orte oder Gegenstände der Inkas, befinden. Diese hatten in den Augen eines Volkes, bei denen eine inbrünstige Gläubigkeit eine wichtige Rolle spielte, einen beträchtlichen Wert. Im ganzen Land gab es 41 *Ceques*, auf ihnen liegen 328 *Huacas*, die für die lokalen Ethnien, manchmal auch einfach für ein *Ayllú* der zentrale Bezugspunkt der rituellen Verehrung waren. Entlang der *Ceques* sind Sonnenobservatorien gebaut, so

---

[26] Bis in unsere Zeit ist die Verehrung von Pachamama im alltäglichen Leben Perus noch sehr lebendig. So kann man häufig beobachten, wie ein wenig Alkohol vor dem Trinken auf den Boden als kleine Opfergabe an die Nahrung spendende Erde geschüttet wird.

dass sie ebenfalls zur Bestimmung der Tage im Kalender der Inkas dienten.

Die *Huacas*, die auf den *Ceques* liegen, oder auch die Observatorien auf den gleichen Linien, erinnern an die *Quipus*, an jene Knotenschnüre, die die Inkas zum Rechnen benutzten oder auch um Gegenstände und Güter des Inkareichs zu registrieren. Im Fall der Religion dienten sie dazu, historische Ereignisse zu verewigen.

In dem immer größer werdenden Inkareich wurden die *Huacas* der unterworfenen Stämme nach Cuzco gebracht und dort in Altarräumen aufgestellt. So wurden sie zum Ziel langer Pilgerzüge aus den Provinzen ihrer Herkunft.

Der Inka, der Sohn der Sonne

Der Inka ist ein direkter Nachkömmling des Sonnengottes Inti und regiert in seinem Reich als ein lebender Gott, der eine uneingeschränkte Macht inne hat. Oft zögerte er nicht, sich mit der Sonne selbst zu vergleichen, er identifizierte sich gar mit ihr. Seine Göttlichkeit schloss jeden Irrtum seinerseits aus. Dies brachte mit sich, dass in jeder seiner Äußerungen oder seiner Wünsche die größtmögliche Richtigkeit ruhte und dass er keine Widerrede duldete.

Eine solche Definition der Macht hat den Vorzug, dass sie sofort alle Auseinandersetzungen löst, die auf Divergenzen zwischen Staat und Priesterschaft beruhen: Denn wie könnte ein einfacher Sterblicher die Entscheidungen des Inka, eines lebenden Gottes, in Frage stellen?

Der Herrscher ist ein *Waqcha*: Da er vom Sonnengott abstammt, hat er keine Eltern. Sobald er sich die *Maskapaicha*, das königliche Stirnband, das alle Inka-Herrscher als Insignie ihrer Macht trugen, anlegt, verlässt er die Reihen seiner Familie. Von diesem Zeitpunkt an erfüllt er nur noch seine „göttlichen" Aufgaben.

Um diesen Übergang ein für alle Mal zu besiegeln, heiratet er seine Schwester. Durch diese inzestuöse Hochzeit wider-

ruft er unwiederbringlich seine vorherige Lebenssituation ...
und nähert sich deutlich dem Gründungsmythos des Inkareichs durch Manco Cápac.[27]

Der Inka, der zum Herrscher erhoben wurde, hat demnach
keine Vorfahren mehr ... was auch zur Folge hat, dass er,
selbst wenn er Kinder hat, keinen direkten Nachfolger hervorbringen kann. In der Tat gründet sich der Herrschaftsauf-
trag an den Inka auf seine Bedeutung und Tapferkeit, da es die
Würdenträger des Staates sind, die ihn unter einer Reihe von
Prätendenten aussuchen, von denen er als tapferster und wür-
digster für diese hohe Aufgabe gilt.

Die Übertragung der Herrschaft auf den Nachfolger ist
sehr symbolträchtig. Zum Ende der Herrschaft brach meistens zunächst eine turbulente und chaotische Phase an. Die
vielen Kämpfe um einen EinFlussgewinn, die Konfrontatio-
nen und kämpferischen Auseinandersetzungen führten zu einer anarchischen Lage, die fast schon in Barbarei mündete
und die Auflösung und das Ende des Staates anzukündigen
schien.

Aber dann scheint das Volk der Inka zu seiner ursprüngli-

---

[27] Eine der Herkunftslegenden ist die folgende: „(...) Vier Brüder und vier
Schwestern, alle Kinder des Sonnengottes, verließen ihre Höhle, die ungefähr dreißig Kilometer süd-östlich des späteren Cuzco lag. Aus zwei be-
nachbarten Höhlen kam eine Handvoll Menschen als ihre ersten Anhänger
mit. Das waren die ersten Inkas, wobei sich diese Bezeichnung zunächst nur
auf den Herrscher, den „Inka", und später auf den gesamten Stamm bezog.
(...) Manco Cápac war ihr erster Anführer. Er fühlte sich von einem seiner
Brüder, von Ayar Cachi, bedroht. Dieser war so stark, dass die von ihm weg-
geschleuderten Steine Schluchten in die gegenüberliegenden Berge rissen.
Manco Cápac schickte seinen Bruder Ayar Cachi mit dem Vorwand zurück
in die Höhle, ein heiliges Lama zu holen, und befahl einem seiner Männer,
ihm zu folgen und ihn dort einzuschließen. So befindet sich Ayar Cachi bis
heute in dieser Höhle. Die beiden anderen Brüder räumten sich selbst aus
dem Weg, da sie sich in heilige Steine verwandelten. So blieb nur noch
Manco Cápac übrig und wurde zum ersten Herrscher der Inkas. Er hatte eine
seiner Schwestern geheiratet, Mama Occlo, die ihm einen Sohn, Sinchi
Roca, gebar. Dieser wurde zum zweiten Souverän dieses Stammes." Leonard
J. Norton: L'Amérique précolombienne, op. cit.

chen Form eines umherirrenden Haufens ohne Anführer und ohne wirklichen Zusammenhalt, den Grausamkeiten der Finsternis ausgeliefert, in einer fast systematischen Art und Weise zurückzufinden – in der vielfach ein sich immer wiederholendes Ritual gesehen wird. In sehr kurzer Zeit geht das Inkareich somit vom Prunk und Licht eines bedeutenden Imperiums über in eine Phase des Elends und des Verfalls. Schließlich aber ergreift einer die Macht, meistens durch Waffengewalt. Er wird dann von den hohen Würdenträgern des Landes zum neuen Inka gewählt. Was zunächst als der Untergang eines Reichs erschien, zeigt sich jetzt als eine Art initiatorischer Tod, der allein einen neuen Herrscher hervorzubringen vermag.

Wenn es etwas Offensichtliches gibt, das sich in jedem Augenblick des Lebens des Inkas abzeichnet, dann ist es die Gleichzeitigkeit von Sichtbarem und Unsichtbarem, von mehreren parallelen Welten, in denen sich die Kräfte des Universums zusammenfinden und sich gegenseitig ausgleichen. Die Zeremonien des Sonnenkultes bringen dieses Alternieren von Helligkeit und Dunkelheit sehr anschaulich zur Geltung.

Das Inkareich stirbt und wird wiedergeboren, so wie die Sonne bei der Wintersonnenwende verschwindet … und wieder kommt, um das Inka-Volk, das sich schon der Dunkelheit und seinem sicheren Tod überlassen fühlte, aus seiner Angst zu befreien. Es ist ein Kreislauf von Leben und Tod, dem hier in allen seinen Formen Ausdruck verliehen wird.

Jetzt versteht man besser, warum die Herrschaft des Inkas, obwohl sie fast ausschließlich auf seiner militärischen Macht beruht, nicht weniger den religiösen und magischen Ritualen verpflichtet ist, die verraten, dass das Gleichgewicht prekär und die Sicherheiten nur annähernd sind.

In der Tat ist der Inka, obgleich von Anfang an ein Krieger, wegen seines gottgleichen Wesens der Religion sehr verbunden: Er wird deshalb auch wie selbstverständlich versuchen, für sich selbst die Attribute und Befugnisse der Priester in Anspruch zu nehmen. So ist jenseits des Alltäglichen und

sich Wiederholenden auch das Übernatürliche in den Staatsangelegenheiten sehr präsent. So mancher Herrscher bleibt
dank seiner hellseherischen Fähigkeiten in der Erinnerung
der Inkas.

Neben diesen Fähigkeiten einzelner Herrscher nimmt die
Orakelbefragung eine wichtige Rolle bei der Entscheidungs-
findung ein. Zu allen wichtigen das Reich betreffenden Fragen werden Orakel herangezogen, so dass Weissagungen zu
einer wichtigen Leitlinie der imperialen Politik werden: *„Mit
ihrer Hilfe (mit den Weissagungen) manipulierte der Herrscher den Glauben an das Übernatürliche und benützte sie,
um seine Taten zu rechtfertigen und die absolute Notwendigkeit seiner Handlung zu verdeutlichen. Der erste Akt, der
einer göttlichen Sanktionierung bedurfte, war der Aufstieg
zur Macht. Bevor der neue Herrscher in den Sonnentempel
trat, um dort offiziell die Herrschaftinsignien anzunehmen,
bat er die Priester, in den Eingeweiden von Tieren zu lesen,
die nach dem Willen der Götter bei der Übernahme dieser
höchsten Aufgabe geopfert wurden. Die Investitur, die er von
dem hohen Priester erhielt, machte aus dem Herrscher den
Sohn der Sonne* (Intip Churin). *Sie machte ihn zum Vermittler zwischen allem Irdischen und Jenseitigen. (...) Der Inka
war das Band zwischen der natürlichen und der sozialen
Ordnung. Er bildete den Schnittpunkt der Kräfte des Kos-
mos, kanalisierte die Energien und hielt das Gleichgewicht."*[28]

So stützt sich die Macht der Inkas, die zunächst rein politischer und militärischer Natur war, mehr und mehr auf die Religion. Die verschiedenen Funktionen und Aufgabenbereiche
verschmelzen hierbei zu einem unzertrennlichen Amalgam.
Im Zuge der Eroberung neuer Gebiete und der Unterwerfung
der besiegten Stämme forderte der Inka nicht nur die Einglie-
derung in das imperiale Herrschaftsgefüge, sondern auch die
Übernahme der Staatsreligion, selbst wenn er, wie wir gese-

---

[28] H. Favre: Les Incas, op. cit.

hen haben, aus diplomatischen Gründen weiterhin die Verehrung lokaler Gottheiten zuließ.

Von der militärischen Macht zur göttlichen Monarchie

In der Tat kann man nach einigen Herrschergenerationen immer mehr von einer göttlichen Monarchie sprechen. Der letzte Inka, Atahualpa, ist nicht mehr nur der heilige Repräsentant der Sonne, sondern eine Inkarnation des Sonnengottes. Aus diesem Grund wird er mit viel Prunk als lebender Gott verehrt: Er reist nur noch in einer von Männern getragenen Sänfte und unter einem Baldachin, den Weg vor ihm kehren Diener, bei seinem Vorbeiziehen werfen sich die Menschen mit dem Gesicht nach unten zu Boden und selbst die höchsten Würdenträger des Staates fallen vor ihm auf die Knie. Sie laufen barfuss und tragen ein Gewicht auf ihrem Rücken, um ihre Unterwerfung zu demonstrieren. Da niemand den Inka direkt anschauen darf, spannen Frauen, die ihm dienen, Stoffe aus, um sein Gesicht geheim zu halten.

Alles, was der Inka trägt oder berührt, darf für Dritte nicht zugänglich sein; es wird in einer Kiste gesammelt und später verbrannt.[29] Um die Verehrung und Anbetung, die dem Inka zuteil wird, in ihrem Ausmaß voll zu erfassen, genügt es zu wissen, dass bei dem Tod von Huayna Cápac mehr als 4000 Frauen und Diener beschlossen, sich zu opfern, um ihm in den Tod zu folgen.

---

[29] „Sie (die Frauen des Inka) sammeln alles ein, was der Inka berührt hat. Darunter fallen sowohl seine Kleider als auch der kleinste Rest seiner Mahlzeiten. Diese Dinge werden in die Obhut eines Adligen gegeben, der einzig und allein zur Aufgabe hat, diese Tabu-Gegenstände zu verwahren. Einmal im Jahr werden diese so unterschiedlichen Gegenstände mit der kostbaren Kiste, in der sie aufbewahrt werden, verbrannt. Die Asche wird in alle Winde gestreut, da auch sie nicht berührt werden darf. Hiermit soll jedes persönliche Objekt des Herrschers zerstört werden, damit es nicht für magische Zwecke gebraucht werden kann." F. Gall u. B. Abrigeon: Des trains pas comme les autres …, op. cit.

Nach seinem Tod wurde der Inka mumifiziert. Der Vorstellung nach war er auch jetzt nicht wirklich tot.[30] Er behielt all seinen Besitz: seinen Palast, seinen Landbesitz und alle seine Güter. Seine Residenz in Cuzco wurde zu einer Pilgerstätte ersten Ranges und seine männlichen Erben – außer seinem Nachfolger als Herrscher – bildeten den Hofstaat des Verstorbenen. Man reichte ihm Essen, brachte ihn zu den kultischen Orten und auswärtigen Zeremonien, ganz wie einen lebendigen Herrscher.

Das heilige Band zwischen der Welt der Lebenden und der Welt der Toten

Die Mumie des Inka wird zu einem Band zwischen den Menschen und den Göttern. Und als Symbol des ewigen Lebens wird sie mit vielen Luxusgütern geschmückt.

Von der höchsten bis zur niedrigsten Ebene des Inkareichs glaubten alle Menschen an die Unsterblichkeit der Seele und an die Auferstehung, so wie es uns wahrheitsgetreu Garcilaso de la Vega berichtet.[31] Im Gegensatz zu anderen Chronisten seiner Zeit hat er den Vorzug, nicht nur Spanier zu sein (durch seinen Vater, der *Capitán* war), sondern auch Inka, da seine Mutter als Nichte des Inka Huayna Cápac sogar königliches Blut hatte.

„Die Amautas, die Gelehrten der Inkas, glaubten, dass der Mensch aus Körper und Seele bestehe, wobei die Seele unsterblich ist und der Körper aus Erde geformt ist, da sie beobachteten, wie er wieder zu Erde wird: Deshalb nannten sie ihn auch Allpacamasca, „belebte Erde“. Um den Menschen von den Tieren zu unterscheiden, fügten sie das Wort „Runa“ hinzu, das „mit Vernunft und Verstand begabt“ bedeutet. Im Gegensatz dazu bedeutete „Llama“ Tier. (…) Sie glaubten, dass nach diesem Leben ein anderes komme, das für die Bösen Bestrafung und für die Guten ewiger Friede bedeutete. Sie

---

[30] Im 5. Kapitel wird hierauf noch ausführlich eingegangen.
[31] Garcilaso de la Vega lebte von 1539 bis 1616.

teilten die Welt in drei Teile: Den Himmel nannten sie Hanan Pacha, also „obere Welt", wo nach ihrer Vorstellung die Guten den Lohn für ihre Tugendhaftigkeit erhielten. Die „untere Welt" ist die Hurin Pacha, die Welt des Werdens und Vergehens. Uca Pacha nannten sie das Zentrum der Welt, eine untere Welt, in der die Bösen lebten. Um diese Idee noch stärker zu verdeutlichen, nannten sie diese Welt auch Cupaipa Huacin, „Haus des Teufels". Sie dachten sich das andere Leben nicht als ein geistiges, sondern als ein körperliches, genauso wie wir unser Leben auf dieser Erde verbringen. Sie sagten, dass der Friede der oberen Welt darin bestünde, ein friedliches Leben zu führen, befreit von den Unsicherheiten des hiesigen. Und sie bestätigen, dass die untere Welt, die wir Hölle nennen, mit allen Krankheiten und Schlechtigkeiten versehen ist, unter denen wir hier unten leiden, ohne irgendeine Art von Ruhe und Zufriedenheit. So teilten sie dieses Leben in zwei Bereiche, der eine reich an Genüssen, an Zufriedenheit und Ruhe, was den Guten zugedacht wurde, der andere immer voller Verdruss und mühselig, für die, die unehrenhaft gelebt hatten. Zu den Freuden des anderen Lebens zählten sie durchaus nicht die fleischlichen Gelüste oder andere Laster, sondern die Ruhe der Seele und des Körpers. Die Inkas glaubten an die universelle Auferstehung, ohne sich dabei weder Ruhm noch Leid vorstellen zu können, sondern ein Leben, ähnlich wie wir es hier führen, denn ihr Geist konnte nicht höher aufsteigen als in ihrem irdischen Leben."[32]

Dies sind die Grundlagen eines religiösen Lebens, die während fünf Jahrhunderten dazu dienen werden, eine Gedanken- und Glaubenswelt aufzubauen, die verwoben war mit

---

[32] Garcilaso de la Vega: Commentaires royaux sur le Pérou des Incas, I, éd. de la Découverte, 1982. Ein anderer Chronist jener Zeit, der Spanier Francisco López de Gomara, gibt eine ähnliche Beschreibung: „Als die Spanier die Gräber öffneten und die Knochen überall hinwarfen, baten die Indianer sie, dies nicht zu tun, da sie sich beieinander befinden sollten für die spätere Auferstehung. Sie glauben ebenso wie wir an die Auferstehung der Körper und die Unsterblichkeit der Seelen."

einer großartigen und faszinierenden Vorstellung vom Universum. Darauf aufbauend wird der Sonnenkult einen Rang erreichen, der ihn unter diejenigen kultischen und initiatorischen, aber auch allgemein kulturellen Vollzüge erhebt, die besonders repräsentativ sind nicht nur für die Epoche und den südamerikanischen Kontinent, sondern für die Entwicklung des Religiösen in der Mitte des zweiten Jahrtausends unserer Ära überhaupt.

5. Kulte und Rituale der Inkas

Wenn eine Zivilisation ihren Glauben in einem Pantheon der Götter verankert, durch den sie ihre geheimsten Sehnsüchte vertreten sieht, wenn sie sich Regeln und Gesetzen unterwirft, die einen inbrünstigen Glauben verraten und aus dem Inka einen lebendigen Gott machen, dann wird deutlich, dass einer solchen Religion eine sehr große Dynamik für das alltägliche Leben inne wohnt.

Das alltägliche Leben ist auch der Ort, wo sich Stunde für Stunde, Tag für Tag, jeder Einzelne wie auch die Gesamtheit eines Volkes, eine ganz eigene religiöse Identität ausbilden. Hier rechtfertigen sich alle Sehnsüchte, alle Erwartungen und alle Hoffnungen.

Hier nehmen die Sitten und Gebräuche ihre Form an und besiegeln die Übertragung des Wissen von Generation zu Generation und bestimmen die Zugehörigkeit zu einer Gruppe.

Jedem, der sich für die Kultur der Inkas interessiert, wird schnell klar, dass dieses Volk seine außergewöhnliche Entwicklung zum großen Teil seinem erstaunlichen organisatorischen Talent verdankt.

So ist es wenig verwunderlich, dass diese Fähigkeit sehr früh auch eine sehr strukturierte Form religiöser Riten hervorbringt, die vor allem dem Sonnenkult eine ganz besondere Aura verleihen, deren Schein bis weit über die Grenzen des Inkareichs sichtbar sein wird, ja sogar über diese Epoche hinaus.

Der Sonnenkult

Obgleich die Inkas eine ganze Reihe von Göttern verehren, von denen viele sehr praktische Aufgaben des alltäglichen Lebens übernehmen, geben sie unbestreitbar mit ihrem Sonnenkult ihrer Religion eine ganz eigene Dimension.

Inti, der Sonnengott, steht über allen anderen Gottheiten. Er bringt Leben hervor und beschützt es, er sorgt für Wachstum und Wohlstand. Aus diesem Grund wendet sich ihm das Volk der Inkas mit einer ganz besonderen Verehrung zu.

Hinzu kommt, dass der herrschende Inka sich als Nachfolger des Sonnengottes sieht. Was der eine im Himmel ist, ist der andere auf Erden. Dies führte dazu, dass die beiden oft in den Huldigungen, die ihnen in Ritualen und Zeremonien zuteil wurden, als Einheit betrachtet wurden. So wurde der Inka nicht nur mit diesem Gestirn assoziiert, sondern tatsächlich selbst mit der Sonne identifiziert. Eine direkte Folge hieraus war, dass der Sonnenkult zwei sehr eigentümliche Aspekte annehmen sollte: Auf der einen Seite sind die Riten Ausdruck der Religion, auf der anderen Seite dienen die Zeremonien durch und durch einem Herrscherkult. Diese beiden Komponenten wurden bald im Einklang mit den Interessen des jungen Imperiums in allen eroberten Gegenden eingeführt.

So nahm die Anbetung der Sonne sehr vielseitige Formen an. Man erbaute Tempel, deren Mauern mit Goldplättchen bedeckt wurden, man errichtete prunkvolle Häuser für die „auserwählten Frauen", die ihm dienen sollten, man brachte ihm die reichsten Opfergaben, man überließ dem Sonnengott ein Drittel der beackerten Felder und der Ernten, man widmete ihm überwältigende Feste und opferte ihm Jungfrauen, Kriegsgefangene und Tiere, man weihte ihm Beerdigungsrituale und die Mumifizierung des Inka.

Diese Offenbarungen einer tiefen Religiosität lassen vermuten, dass die Inkas in der Sonne den einzig würdigen Gott für ihre inbrünstigen Glaubensbezeugungen sahen. In der Tat bot ihr tägliches Leben viele Gelegenheiten, sich an den Sonnengott zu wenden: Sie fragten ihn nach seiner Meinung, baten um die Beschützung eines Angehörigen oder hofften auf seine Hilfe bei irgendeiner ihrer Handlungen. Es gibt keine wichtige Entscheidung – weder im persönlichen noch im politischen Bereich –, bei der nicht der Rat der Sonne oder ihrer Repräsentanten eingeholt würde.

Jetzt lässt sich auch leicht verstehen, warum die Priesterschaft eine so eminent wichtige Rolle innerhalb der Inkagesellschaft einnahm. Es sind die Priester, die einen Großteil der wichtigen Orientierungslinien bestimmen und diktieren.

Die Priester

In der höchsten Sphäre der Macht stellen die Priester aus den eben genannten Gründen eine Kaste mit bemerkenswerten Einflussmöglichkeiten dar. Die Priesterschaft steht unter der direkten und strengen Kontrolle des Inka. Dennoch erlangte sie eine weitreichende Autorität, deren Einfluss bis in die entferntesten Provinzen des Inka-Imperiums reicht.

Im Zenit des Inkareichs werden es mehr als 4000 Personen sein (die Sonnenjungfrauen und Diener mit eingeschlossen), die unmittelbar im Dienste des Sonnenkultes und des Herrschers stehen.

An der Spitze der klerikalen Hierarchie dieser Staatsreligion steht der *Vilacoama*, der Hohepriester. In der Regel ist er ein Bruder oder Onkel des Herrschers. Um die Angelegenheiten der Religion zu leiten, sind ihm neun Vertreter unterstellt, alles Adlige, die ihn beraten sollen. Sowohl beim Sonnenkult als auch bei allen anderen den Göttern des Pantheon (Viracocha, Inti Illapa, Quilla, Amaru, Pachacámac, Pachamama usw.) gewidmeten Kulten werden die höchsten Aufgaben von nahen Verwandten des Inkas übernommen, die ebenfalls alle dem Adel entstammen. In den Provinzen kamen die Priester aus den *Ayllús* der einzelnen Stämme. Sie mussten

Curacas[33] sein, die ihre Unterwerfung unter die Macht der Inkas bekundet hatten:

„In den Provinzen, in denen es ebenfalls eine Vielzahl von Sonnentempeln gab, lebten ausschließlich Menschen dieser Regionen und Angehörige der Lokalhäuptlinge, die somit in das Amt des Priesters erhoben wurden. Der Oberpriester (eine Art Bischof) musste aber in jedem Fall ein Inka sein, damit die Zeremonien und Opferungen in Einklang mit denen des Zentrums gefeiert wurden. In alle Ämter ersten Ranges, zu Friedens- und Kriegszeiten, wählten sie Personen aus den Reihen der Inkas, die sich als höher stehend sahen. Sie ersetzten aber nicht die Priester der Provinzen, so dass man ihnen kaum vorwerfen konnte, dass sie jene missachteten und gegen sie tyrannische Maßnahmen ergriffen. Es gab zahlreiche Jungfrauen, von denen einige für immer ihre Jungfräulichkeit behielten, während andere zu Konkubinen des Königs wurden (...)."[34]

Auf einer niedrigeren Rangstufe standen die reisenden Priester, die durch das Land zogen. Sie hatten weniger die Mission, das heilige Wort zu verbreiten, als vielmehr die Einhaltung des der Staatsreligion gebührenden Respektes in den unterworfenen Provinzen zu überwachen und zu inspizieren, vor allem bei den freiwilligen – unbezahlten – Priestern, die die lokalen *Huacas* bewachten.

„Wie in Ägypten (...) waren auch die Priester der Inkas in erster Linie Funktionäre, die alles überwachten, was mit der Gesundheit – vom „politischen Körper" bis hin zum mensch-

---

[33] *Curaca*: Funktionär des Inkareichs. „Er ist ein Lokalhäuptling eines oder mehrerer *Ayllús* (...). Die *Curacas* hohen Ranges sind häufig die Clanführer und Herrscher der von den Inkas unterworfenen Ethnien und werden dann in die Strukturen des Inkareichs eingebunden. Sie sorgen für die materielle Sicherheit ihrer Untergebenen und verteilen unparteiisch die Güter. Sie sind es ebenfalls, die in ihrem Gebiet Recht sprechen. Nach der Eroberung durch die Spanier werden die *Curacas* von den neuen Kolonisten für einzelne administrative Aufgaben eingesetzt, wie zum Beispiel das Eintreiben der Steuern." F. Gall u. B. Abrigeon: Des trains pas comme les autres ..., op. cit.
[34] Garcilaso de la Vega, Commentaires royaux ..., op. cit.

lichen Körper – zusammenhing, so dass sie in ihrer Person die Aufgaben des Leiters der Opferungen, des Wahrsagers und des Schamanen und Medizinmannes vereinten. Wie die babylonischen Priester (...) lasen sie in den Eingeweiden geopferter Tiere, um die Zukunft vorherzusagen. Sie heilten ihre Kranken, indem sie einen Gegenstand aussaugten, der den verantwortlichen Krankheitserreger verkörperten sollte, welcher das Ungleichgewicht im Körper hervorgerufen hatte. Sie waren Chiropraktiker und brachten durch äußere Handgriffe die ausgerenkten Körperteile wieder an ihren Platz, aber vor allem auch exzellente Chirurgen, die in der Lage waren, schwierige Operationen wie das Öffnen des Schädels durchzuführen (...)."[35]

In allen Ecken und Enden des Reichs erfüllten die Priester ihre Aufgaben je nach Bedarf, an erster Stelle standen hierbei aber die Leitung der Tempel und die Organisation der Zeremonien. Sie bestätigten die Allgegenwärtigkeit des Heiligen, manche von ihnen leiteten die Opfer, die dem Sonnengott Inti dargebracht wurden, andere wachten über die Rituale und Opferungen oder nahmen ihre Aufgaben als Ärzte wahr.

Einer besonderen Gruppe von Priester unterstand die Befragung der Orakel, mit denen die Zukunft oder der Ort verborgener Gegenstände bestimmt wurde. Sie studierten hierfür lange die Eingeweide geopferter Tiere, den Zug der Vögel oder der Herden, die ebenfalls als Zeichen für das Kommende gedeutet wurden. Einige von ihnen nahmen Beichten von den Menschen ab, die sich von ihren Sünden befreien wollten. Ihre Vergehen konnten im Zusammenhang mit dem sozialen Zusammenleben stehen oder auch Verletzungen religiöser Rituale sein. Die für dieses Sakrileg drohende Strafe bedeutete meistens eine je nach Größe des Vergehens mehr oder weniger lange Buße – denn einem Gesetz oder Brauch

---

[35] M. Éliade u. I. P. Couliano: Dictionnaire des religions, coll. „Agora", éd. Plon, 1990.

nicht zu gehorchen heißt, dem Inka nicht zu gehorchen, welcher als heilig angesehen wurde. Danach wurde dem Büßer einer reinigendes Bad angeboten, der letztendlich die Absolution erhielt.

Die Sonnenjungfrauen

In den Stämmen des Inkareich werden die reinsten und schönsten Mädchen, die *Acclas* ausgesucht.[36] Daneben bezeichnet man sie als „ausgewählte Frauen" und „Sonnenjungfrauen". Sie werden für den Sonnendienst ausgebildet, sind zweite Frauen hoher Würdenträger oder Konkubinen des Inka selbst.

Als junge Mädchen im Alter von nur acht Jahren wurden sie von ihren Familien und ihrem gewohnten Umfeld getrennt. Von da an lebten sie zurückgezogen und lernten von den älteren Frauen, den *Mamaconas*.[37] Diese brachten ihnen bei, gleichzeitig perfekte Ehefrau und eifrige Dienerin zu sein, sie durften jedoch nur mit dem ausdrücklichen Einverständnis des höchsten Inka heiraten oder sexuelle Beziehungen eingehen. Außer ihrer Aufgabe, alle Wünsche des Inkas und seiner nahen Verwandten zu erfüllen – der Inka behält sich das Recht vor, sie als Belohnung an seine getreuen Gefolgsleute und Würdenträger oder an Personen, die Beachtliches für den Staat geleistet haben zu verschenken –, gehörte es zu ihren Aufgaben, prächtige, reich ausstaffierte Stoffe für die prunkvollen Gewänder des Inka und

---

[36] *Accla* ist Quechua und bedeutet „ausgewählt". Die *Acclas* sind die „ausgewählten Frauen" oder auch die Sonnenjungfrauen. Sie werden für den Sonnenkult oder den Dienst am Hofe des Herrschers bestimmt. Jede Provinz des Landes hat sein „Accla-Huasi", sein „Haus der ausgewählten Frauen" oder auch Kloster. Das Haus in Cuzco ist selbstverständlich die bedeutendste dieser Einrichtungen.

[37] *Mamacona* bedeutet wörtlich übersetzt: „Frau, die die Aufgabe hat, den Dienst der Mutter auszuüben".

seiner ersten Ehefrau zu weben.[38] *Coya*, die erste Frau des Herrschers, war im übrigen die einzige außenstehende Person im Reich, die das *Accla-Huasi* betreten durfte. Wer auch immer sich dieser Vorschrift widersetzte, wurde auf der Stelle umgebracht.[39]

In der Liturgie des Sonnenkultes ist die wichtigste Aufgabe

---

[38] Es sei an dieser Stelle noch einmal darauf hingewiesen, dass der Inka ein Drittel der Wolle aller Schafherden des Landes einbehielt. So wurden die *Accla-Huasi* zu bedeutenden „Textil-Ateliers"; verteilt auf das ganze Land spielten sie keine geringe wirtschaftliche Rolle.

[39] „Sie verbrachten ihr gesamtes Leben im Kloster in einer fortwährenden Jungfräulichkeit. Sie hatten keinen Ausgang, kein Sprechzimmer und keine andere Gelegenheit, in der sie anderen Männern und Frauen begegnen und mit ihnen sprechen konnten. Ganz unter sich verbrachten sie ihre Zeit, da die Inkas von ihnen sagten, dass sie sich nicht herablassen und Dritte an sich herankommen lassen dürften. Ihr Rückzug in die Abgeschiedenheit war so umfassend, dass selbst der Inka davon absah, sie zu sehen oder mit ihnen zu sprechen, so dass auch kein anderer die Dreistigkeit haben konnte, auf ein solches Privileg zu hoffen. Nur *Coya*, die Königin, wie auch ihre Töchter besaßen die Erlaubnis, in ihre Häuser zu gehen und mit den alten und jungen zurückgezogenen Frauen zu sprechen. So schickte der Inka seine Frau oder seine Töchter zu ihnen, um zu erfahren, wie es ihnen gehe und ob es ihnen an etwas fehlte. (...) Eines der charakteristischen Merkmale ihres Wohnhauses war der lange schmale Gang, der das gesamte Gebäude durchzog. Links und rechts dieses Ganges lagen die Wohnräume, in denen die Frauen arbeiteten, die für den Dienst im Haus bestimmt waren. Jeder dieser Räume wurde von einer Frau bewacht, die streng darauf achtete, ihrer Verpflichtung nachzukommen. Im hintersten Raum am Ende der Galerie, den niemand betrat, waren die Frauen des Sonnengottes untergebracht. (...) Zu Beginn des Ganges, noch vor der Tür, die zu den Arbeitsräumen führte, standen in aller Regel zwanzig Wachleute, die alle zu der nächsten Tür brachten oder sie von ihr abholten, die die Wohnräume betreten wollten oder von ihnen zurückkamen. Doch die Wächter durften unter Todesstrafe nicht weiter als bis vor diese Tür in das Gebäude vordringen, selbst wenn man dies ihnen von innen befahl. Und niemand durfte einen solchen Befehl ihnen gegenüber aussprechen, ohne selbst zum Tode verurteilt zu werden. (...) Hier lebten für die religiösen Dienste sowie die des Hauses fünfhundert junge Mädchen, die alle Jungfrauen waren und von den Inkas abstammten, die sich der Privilegien erfreuten, die der erste Inka einst denen zugesprochen hatte, die er seinem Reich unterworfen hatte. Diese jungen Mädchen hatten ihre *Mamacunas*, die der gleichen sozialen Klasse angehörten, ebenfalls Jungfrauen waren, und von ihnen in die Dienste eingeführt wurden." Garcilaso de la Vega, Commentaires royaux ..., op. cit.

der „ausgewählten Frauen", den Priestern zur Seite zu stehen. Daneben bereiteten sie die Speisen und Getränke, die dem Sonnengott während der Zeremonie gereicht wurden.

Im ganzen Inkareich gab es *Acclas*, in der Hauptstadt Cuzco waren sie aber besonders zahlreich, da hier der Sonnenkult eine so wichtige Stellung einnahm. Hier lebten mehr als 1500 „ausgewählte Frauen", die aus den bedeutendsten Familien des gesamten Reichs stammten. Am Höhepunkt der Inkaherrschaft erreichte die Gesamtzahl der *Acclas* etwa 15 000 Frauen.

Einzig der Inka, der über allen Gesetzen steht, hat die Möglichkeit, sich der fleischlichen Sünde mit einer Sonnenjungfrau außerhalb der Ehe hinzugeben. Bei jedem anderen Mann bedeutet dieses Vergehen das Todesurteil für beide Beteiligten.

Wenn der Inka stirbt, bleibt eine Vielzahl von Sonnenjungfrauen ihm verbunden und begleitet ihn in den Tod.

Riten und Zeremonien

Die Sonne ist allgegenwärtig im Leben eines jeden im Inkareich. Das gilt aber in noch stärkerem Maße für den Inka selbst, der ihr eine grenzenlose Verehrung zuteil werden lässt. Hieraus folgen eine ganze Reihe von Zeremonien und Ehrungen, angefangen bei den strikt religiösen Ritualen und Initiationsriten der Priester bis hin zu den großen Volksfesten. Dazwischen finden sich die kleinen, alltäglichen religiösen Handlungen, die den Jahresablauf bestimmen, in Cuzco ebenso wie im übrigen Herrschaftsgebiet.

So kann jede noch so geringe Handlung, die kleinste Entscheidung, das harmloseste Vorhaben, Anlass zu einer Anrufung des Sonnengottes sein, sei es in Form einer bescheidenen, uneigennützigen Anerkennung, oder aber als Frage, Danksagung usw. geschehen. Zwischen den beiden Extremen, die das Gebet und das Menschenopfer sind, liegen unendlich viele Möglichkeiten, in einer weiten Spanne von Riten und Praktiken, die den Sonnenkult ausmachten.

Für das einfache Volk, das keinen Zutritt zu den Tempeln hatte, spielten sich die Zeremonien auf den öffentlichen Plätzen ab. Die Rituale der Inkas, die meist sehr komplex sind, stehen häufig mit der Landwirtschaft oder der Gesundheit in Verbindung. Ihr Ziel ist es, eine direkte Unterstützung von den Göttern in diesem oder jenem Bereich zu erlangen, zugunsten des einfachen Sterblichen, der die Zeremonie initiiert hat, oder einer Gruppe von Individuen.

Bei vielen Gelegenheiten werden die Zeremonien von Tieropfern begleitet. Hierdurch sollen die Götter günstig gestimmt oder die Zukunft vorhergesagt werden. Bei großen und bedeutenden Zeremonien, wie sie zum Beispiel anlässlich der Sonnenwenden stattfinden, nimmt der Herrscher selbst die Rolle des Zelebrierenden ein und macht hiermit seine gleichzeitige irdische wie spirituelle Macht deutlich. Als Sohn der Sonne wird er als Gott verehrt und ist als solcher der ideale Vermittler zwischen dem Volk und der Sonne:

„Der Souverän saß allen Zeremonien vor, deren Ziel das Erlangen von materiellem und moralischem Wohlergehen der Menschen war. Zu Beginn eines jeden Jahres öffnete der Inka die brachliegenden Felder mit Hilfe eines goldenen Stabes, wodurch dem Boden seine Fruchtbarkeit zurückgegeben werden sollte. Beim Herannahen der Regenzeit fegte er alle Krankheiten weg, um die Gesundheit und das lange Leben seiner Untertanen zu sichern. "[40]

Die „Sonnenfeste" werden in allen Teilen des Reichs sehr hoch geschätzt, vor allem aber in der Hauptstadt, wo sie einen sehr symbolischen Charakter annehmen. Hinter den festlichen Aspekten dieser Zeremonien verbirgt sich die latente Unsicherheit der Inkas, ob ihnen die Sonne weiterhin günstig gestimmt ist. So werden die Inkas immer von der Angst bestimmt, ob die Sonne, einmal am Horizont untergegangen, am nächsten Tag wieder aufgehen wird:

„Wenn die Sonne sich – auf der Südhalbkugel – immer wei-

---

[40] H. Favre: Les Incas, op.cit.

ter nach Norden bewegt und die Schatten länger werden, fürchteten die Inkas, dass die Sonne ihren Weg nach Norden weiter verfolgen und für immer hinter dem Horizont verschwinden würde. Die Menschen würden dann der Kälte und der Hungersnot zum Opfer fallen. Die Sonnenpriester konnten der Vorstellung nach am 21. und 22. Juni den Lauf der Sonne aufhalten, indem sie symbolisch ihre Umlaufbahn an einen Inti-Huatana (eine Steinsäule, die gleichzeitig als Sonnenuhr und Opferaltar diente) festbanden. Diese Inti-Huatanas gab es in den meistens Inka-Städten, sie wurden sehr verehrt. Wenn die Schatten nicht mehr länger wurden und sich wieder zu verkürzen begannen – was bedeutet, dass die Sonne bald wieder in ihrem Zenit stehen sollte –, ließen die Indianer ihrer Freude freien Lauf. Die Zeit der Sonnenwende war von vielen Freudenfesten gekennzeichnet, während hingegen die Wintersonnenwende von den Inkas mit Angst und Bangen erlebt wurde. "[41]

Diese bedeutenden Zusammenkünfte sind Anlass für eine ausgelassene Fröhlichkeit der Volksmassen, prächtige Feierlichkeiten, aber auch die Gelegenheit, der religiösen Inbrunst freien Lauf zu lassen, die zur Entstehung einer ganz eigenen „Inka-Identität" in allen Provinzen des Landes beiträgt.

Die eindrucksvollsten Glaubensbezeugungen gelten dem Sonnengott und werden alljährlich in vier bedeutenden Festen in seinem Namen in der Hauptstadt Cuzco gefeiert. Die bedeutendste dieser Feierlichkeiten, da an ihr wahrscheinlich die meisten Menschen teilnahmen, ist Inti Raimi, oder „feierliches Sonnenfest", das im Juni in der Zeit der Sonnenwende stattfand: „(...) zu Ehren der Sonne, um zu bezeugen, dass sie die Sonne als ihren einzigen höchsten und universellen Gott anbeten, da die Sonne durch ihr Licht alles in der Welt erzeugt und ernährt. "[42]

---

[41] H. Bingham: La Fabuleuse Découverte de la cité perdue des Incas, coll. „Les grandes aventures de l'archéologie", éd. Pygmalion, 1990.
[42] Garcilaso de la Vega, Commentaires royaux ..., op. cit.

Das Ritual bleibt dabei unveränderlich und wird jedes Jahr mit der gleichen religiösen Inbrunst und Begeisterung wiederholt. Es ist ein so hohes Fest, dass der Inka selbst an ihm teilnimmt sowie die wichtigsten Kommandeure der Inkas und die *Curacas* des gesamten Herrschaftsgebiets, die sich für diesen Anlass in Silber und Gold kleiden. Einige tragen die Felle amerikanischer Löwen, andere Kondorfedern, wieder andere kunstvolle Masken. Sie spielen Flöte und Tamburin. Jede Nation des weiten Inkareichs ist anlässlich dieser Feierlichkeiten vertreten. Sie stellen ihre Waffen und ihre rituelle Bemalung zur Schau, die auf ihre großen kriegerischen Taten hinweisen.

Das *Raimi* begann in Wirklichkeit immer einige Tage vor der offiziellen Eröffnung der Feierlichkeiten. Drei Tage vor dem Fest begannen die Teilnehmer eine Phase der Enthaltsamkeit. Sie ernährten sich ausschließlich von ein wenig ungekochtem Mais sowie Kräutern namens *Chucan* und tranken nur Wasser. Sie sahen von jeglicher sexuellen Aktivität ab und zündeten kein Feuer mehr in der Hauptstadt an.

In der Nacht vor dem Fest bereiteten die Priester die Lamas vor, die geopfert werden sollten, ebenso wie die Nahrungsmittel, bevor sie der Sonne als Opfer dargeboten wurden. Gleichzeitig buken die Sonnenjungfrauen kleine runde Brote, die etwa die Größe von Äpfeln hatten, die sogenannten *Çancu*. Das Mehl, das zu ihrer Zubereitung verwendet wurde, wurde als heilig angesehen und einzig zu dieser Gelegenheit und bei dem *Citua*-Fest verwandt. Die „ausgewählten Frauen" bereiteten außerdem anlässlich dieses Festes eine Reihe von Speisen für den Inka und seine Gefolgsleute königlichen Blutes vor, denn dieser Tag galt als ein ganz besonderer Tag: *„(…) denn es sind nicht die Kinder der Sonne, die sich um ihren Vater kümmern, sondern viel eher ist es der Sonnengott, der sich um seine Kinder kümmert."* Die Fülle der Gerichte, die für die breite Masse bestimmten waren, wurde hingegen von anderen Frauen zubereitet, die eigens für diese Aufgabe berufen wurden.

Am Festtag selbst begab sich der Inka noch vor Tagesanbruch zum Hauptplatz der Stadt, der *Huacaipata* genannt wird, gefolgt von den Ältesten und Würdenträgern des Reichs. Dort verharrten sie, barfuss und in absoluter Stille, und blickten in gespannter Erwartung auf die Grenzlinie zwischen Erde und Himmel und warteten, ob die Sonne gewillt war aufzugehen.

Wenn sie endlich erscheint, werfen sie sich als Zeichen ihrer großen Verehrung nieder, erheben die Arme und bedecken mit ihren Händen ihr Gesicht: Sie werfen der Sonne Küsse und zeigen damit, dass sie die Sonne, ihren Sonnengott, anbeten und als ihren Vater anerkennen. Unweit von diesem Ort, auf einem anderen Platz mit dem Namen *Cussiparta*, versammelten sich alle, die nicht königlichen Blutes waren und vollzogen das gleiche Ritual.

Auf dem Hauptplatz erhob sich der Inka langsam, während seine Untergebenen auf dem Boden niederkniend verharrten, als Zeichen der Huldigung der Sonne. Der Souverän, als Sohn der Sonne und höchster Priester, begann feierlich den Sonnendienst: *„(...) er nahm zwei große Gefäße aus Gold, Aquillas genannt, die mit einem Trank gefüllt waren, den sie ihrem Brauch nach bei dieser Gelegenheit zu sich nahmen. Als ältester Sohn seines Vaters, des Sonnengottes, vollzog der Inka diese Zeremonie in seinem Namen. Mit dem Gefäß, das er in seiner Rechten hielt, lud er sich zum Trinken ein, wie man es vom Sonnengott erwartet hätte, dann lud der Inka seine Eltern ein. (...) Nachdem der Inka die Sonne aufgefordert hatte zu trinken, schüttete er die Flüssigkeit aus dem Gefäß der rechten Hand, die der Sonne zugedacht war, in einen goldenen Krug. Von hier aus verteilte sich der Trank in einem Leitungssystem aus Stein, das kunstvoll erbaut worden war und von dem Hauptplatz bis zum Sonnenhaus führte, ganz so als tränke der Sonnengott das ihm geweihte Getränk. Danach trank der Inka selbst ein wenig aus dem Gefäß, das er in seiner linken Hand hielt und ihm zugedacht war. Der Rest wurde vom ihm in Becher aus Silber oder Gold verteilt, die jeder zu diesem Zwecke mitgebracht hatte. So leerten sie* schnell das Gefäß des Inkas, damit der von der Hand des Inkas oder des Sonnengottes – oder von beiden zusammen – geheiligte Trank ihnen seine Tugendhaftigkeit zuteil werden ließe. Alle Anwesenden königlichen Blutes tranken das Getränk in nur einem Zug aus. Die Curacas, die auf dem anderen Platz der Zeremonie beiwohnten, bekamen das Getränk gereicht, das die Sonnenjungfrauen zubereitet hatten, nicht aber den durch den Inka geheiligten Trank, der nur für die hohen Inkas selbst bestimmt war.

Am Ende der Zeremonie, die wie eine Vorhut für die folgenden Zechgelage erschien, gingen sie alle der Reihenfolge nach zum Sonnenhaus. Zweihundert Schritte vor ihrem Ziel zogen sie ihre Schuhe aus, während der König dies erst an der Tür selbst verrichtete. Nun betrat der Inka und die seines Blutes – als legitime Söhne der Sonne – das Gebäude und warfen sich vor dem Bildnis der Sonne nieder. Die Curacas, die als unwürdig angesehen wurden, diesen heiligen Ort zu betreten, verweilten außerhalb auf einem großen Platz. (...)

Der Inka opferte eigenhändig die beiden goldenen Trinkgefäße, die ihm eben noch bei der Zeremonie gedient hatten. Die anderen gaben die ihrigen den Inka-Priestern, die man für den Sonnendienst ausgewählt hatte, da die, die nicht von der Sonne abstammten, dies nicht selbst verrichten durften, wenn sie keine Priester waren. Nachdem die Priester die Gefäße der Inkas geopfert hatten, traten sie an die Schwelle der Tür, um von den Curacas auch ihre Gefäße überreicht zu bekommen, streng nach der Reihenfolge, in der sie unterworfen worden waren. Sie gaben ihre Gefäße und andere Gegenstände aus Gold und Silber, die sie aus ihren Provinzen mitgebracht hatten, wie Lamas und ihre Jungen, Eidechsen, Kröten, Schlangen, Füchse, Jaguare, Pumas, alle Arten von Vögeln, alles, was es in ihrer Gegend im Überfluss gab, naturgetreu nachgebildet, aus Silber und Gold, obgleich in geringen Mengen.

Nach der Opferung kehrten sie wieder der Reihenfolge nach an ihren Platz zurück. Dann kamen die Priester mit einer großen Menge an Lamas, mit sterilen Weibchen, andere mit ihren Jungen und mit Männchen in allen Farben. (...) Alle diese Tiere gehörten der Sonne. Sie nahmen ein kleines schwarzes Lama, eine Farbe, die die Inkas bei ihren Opferungen bevorzugten, weil sie ihr eine größere göttliche Eigenschaft zusprachen. Sie sagten, dass ein weißes Tier nur eine schwarze Schnauze habe, was als Makel angesehen und deshalb geringer geschätzt wurde, während ein schwarzes Tier am ganzen Körper dunkel war. Aus diesem Grund waren ihre Könige häufig schwarz gekleidet, ihre Trauerkleidung war hingegen von dunkelgrauer Farbe.

Diese erste Opferung eines kleinen schwarzen Lamas hatte zum Ziel, die Vorzeichen zu deuten, unter denen ihr Sonnenfest stand. Denn bei allen wichtigen Handlungen, egal ob im Krieg oder in Friedenszeiten, wurde fast immer ein schwarzes Lama geopfert, dem das Herz und die Lungen entnommen wurden, um hieraus zu ersehen, ob die Sonne ihre Opferung mit Wohlwollen sah, ob der Krieg, den sie beginnen wollten, siegreich oder zerstörerisch verlaufen sollte oder ob sie im Laufe des Jahres gute Ernten einbringen werden. Sie vollzogen diese Weissagungen mit Hilfe von männlichen Lamas oder sterilen Weibchen, aber auch an Lamajungen, niemals aber töteten sie fruchtbare Weibchen, nicht einmal für den Verzehr, außer sie waren nicht mehr in der Lage zu gebären.

Sie nahmen das Lama oder sein Junges und drehten seinen Kopf nach Osten. Die Beine wurden ihm nicht zusammengebunden, sondern von drei oder vier Indianern festgehalten. Dann öffneten sie dem Tier bei lebendigem Leib die linke Seite, in die sie die Hand hineinstreckten, um Herz und Lungen herauszureißen sowie die restlichen Innereien, die ganz und ohne auseinander zu fallen herausgenommen werden mussten. (...) Sie glaubten, dass es ein sehr schlechtes Vorzeichen sei, wenn sich das Tier erhob und von den es haltenden Händen befreite, während man ihm die Seite öffnete. Auch hatte es eine schlechte Vorbedeutung, wenn die Luftröhre beim Herausnehmen der Innereien riss oder wenn diese nicht ganz heraus kamen. Gleiches galt, wenn die Lunge zerrissen oder das Herz beschädigt war. (...)

Nach der Opferung des ersten kleinen Lamas folgte eine Reihe anderer, männlicher und weiblicher ausgewachsener Tiere, als gewöhnliches Opfer. (...) Sie schlachteten die Tiere und zogen ihnen das Fell ab. Das Blut und das Herz der Tiere dienten dabei als Opfergabe für den Sonnengott, ebenso wie sie bei dem kleinen Lama verfahren waren. Dann verbrannten sie alles, bis nur noch Asche übrig blieb.

Es musste ein neues Feuer für diese Opferung sein, das sie, wie sie sagten, direkt von der Sonne erhielten. Hierfür nahmen sie ein großes Armband, das sie Chipana nannten (ein ähnliches Band trugen sie gewöhnlich um das linke Handgelenk) und vom Hohenpriester aufbewahrt wurde. Das Armband war breiter als die anderen und hatte als Medaille ein stark geschliffenes konkaves Gefäß in der Größe einer halben Orange. Sie legten es in die Sonne und zu einem bestimmten Moment, wenn sich alle Strahlen bündelten, die das Gefäß reflektierte, häuften sie einige Fetzen aus Baumwolle an, da sie keinen Zunder kannten, die sich dann in Brand steckten. Mit diesem ihnen, wie sie sagten, aus der Hand der Sonne gegebenen Feuer verbrannten sie ihre Opfer und es diente ihnen, alles Fleisch zu braten, das an diesem Tag gegessen wurde. Sie brachten dieses Feuer in den Sonnentempel und in die Häuser der Sonnenjungfrauen, wo man es das ganze Jahr hindurch nicht ausgehen ließ. Es war ein sehr schlechtes Vorzeichen, wenn es dennoch erlosch, ganz gleich aus welchem Grund. "[43]

Während eines zweiten alljährlich stattfindenden Festes, das ebenfalls wegen seines symbolischen Wertes für die Zukunft der Inka-Nation sehr hoch geschätzt wurde, wurden die jungen Prinzen erstmalig als Krieger bewaffnet.

Das dritte Fest wurde *Cusqui Raimi* genannt und nach der

---

[43] Garcilaso de la Vega, Commentaires royaux ..., op. cit.

Aussaat gefeiert, sobald der Mais zu keimen begann. Bei diesem Fest wurde der Sonnengott, dem zu dieser Gelegenheit mehrere männliche und weibliche Lamas sowie ihre Jungen geopfert wurden, gebeten, den Frost zu vertreiben, da ein späterer Frost alle Anstrengungen der Bauern auf einen Schlag zunichte machen konnte.[44] Auch diese Zeremonie wurde von Gesängen, Tänzen und von Gelagen begleitet. Ein Teil des geopferten Fleisches wurde dem Sonnengott zugedacht, der andere Teil hingegen unter den vielen Teilnehmern verteilt.

Das vierte Fest des Jahres, bei dem die Sonne gemeinschaftlich angebetet wurde, heißt *Citua*. Hier sollten alle Krankheiten sowie die Nöte und Ängste der Menschen aus der Stadt verbannt werden. Es begann am ersten Tag des Mondes im September nach der Tagundnachtgleiche mit ein bis drei Fastentagen der Inkas, je nach ihrer Funktion während der Zeremonie. Für sie wurden zweierlei Arten von Brotkugeln gebacken: dem Mehl der ersten wird Blut von fünf- bis zehnjährigen Kindern beigemischt, das ihnen auf der Stirn zwischen den Augenbrauen entnommen wurde, die zweiten wurden aus einfachem Mehl gebacken. Wenn die Brote fertig gebacken sind, wird in den Häusern der Inkas das gleiche Ritual wie von den Priestern im Sonnentempel und im Haus der Sonnenjungfrauen ausgeführt. Nach einer Waschung reiben sie ihre Körper mit Stücken der ersten Sorte Brotes ein. Sie tun dies, um sich zu reinigen und alle Krankheiten und Schmerzen aus ihren Körpern zu vertreiben. Wenn dann die Sonne aufgeht, *„nachdem sie gebetet haben, dass alle Krankheiten und sowohl innere als auch äußere Schlechtigkeiten ausgetrieben würden"*, brechen sie das Fasten und essen von dem zweiten Brot. Danach laufen Sonnenboten aus der Festung in Cuzco in alle vier Richtungen und Provinzen des Inkareichs

---

[44] Das rauhe Klima in der Gegend um Cuzco sowie in der gesamten Hochebene führte fast das ganze Jahr über zu Nachtfrost. Der Mais ist die Hauptnahrungsquelle der Inkas, so dass sie voller Inbrunst um seinen Schutz durch die Götter beten.

und vertreiben symbolisch alle Krankheiten aus dem Reich, begleitet von den Hochrufen der Menschenmengen am Wegesrand.

Neben diesen vier alljährlichen Festen finden viele kleinere Feiern im Innern des Sonnentempels statt, fernab von den Blicken des einfachen Volkes – obwohl auch hier Opferungen in die Zeremonien einbezogen werden. Sie werden zu besonderen Anlässen, zum Beispiel bei Vollmond zelebriert, aber auch um einen Sieg der Heere zu feiern, oder die freiwillige Unterwerfung einer Provinz oder eines Königreichs.

Selbst in den Häusern der Inkas werden kleine, private Rituale als Feste gefeiert. Dies ist zum Beispiel der Fall, wenn eine Ernte trocken eingefahren werden kann. Neben den Kornspeichern wird dann ein wenig Talg als Opfergabe an den Sonnengott verbrannt. So danken sie ihrem Gott, dass er ihnen genügend zu essen gab und bitten die Speicher, die Früchte ihrer Arbeit in Gewahrsam zu nehmen.

So ist eigentlich das ganze Leben der Inkas durch ihre Verehrung des Sonnengottes bestimmt. Im alltäglichen Leben sind es häufig nur kleine scheinbar harmlose Gesten, die zusammengenommen ihrem großen Respekt für die Sonne Ausdruck verleihen.

Die Anbetung der Sonne nimmt ganz unterschiedliche Formen an, die alle zusammen jeden Inka darin bestärken, den direkten Zusammenhang zwischen seiner eigenen Existenz, der Kraft der Naturelemente, die ihn umgeben, und, über allem, der Oberhoheit der Sonne, von der alles abhängt, zu erkennen. Nicht nur das gesamte Leben des Inkas bestimmt diese Werteskala, sondern auch seinen Tod. Die geltenden ethischen Normen der einen Welt hatten in der anderen ebenfalls ihre Gültigkeit: „(...) *Das Individuum verwirklichte sich als ein nützlicher Teil des Ganzen. (...) Dies traf vor allem für die große Masse der Bevölkerung zu, nämlich für die, die keine ererbten Aufgaben erfüllten. Wenn sie nach den allgemeinen Regeln gelebt und ihre Sünden stets gebeichtet hatten, kamen sie in den Himmel des*

Sonnengottes, wo sie ein glückliches Leben mit Speisen und Getränken im Überfluss verbringen konnten. Ihre Verwandten oder Freunde, die ein weniger tugendhaftes Leben geführt hatten, kamen hingegen in eine Hölle in den Tiefen der Erde, wo sie unter Hunger und Kälte zu leiden hatten. Im Gegensatz zu diesem Schema stand den höheren Schichten sofort der Weg in das Paradies des Sonnengottes offen, unabhängig davon, wie sie sich auf Erden verhalten hatten. Als direkte Abkömmlinge des Sonnengottes konnten sie kein anderes Schicksal haben."[45]

Opferungen

Wie wir gesehen haben, gehören Opferungen zu den am häufigsten praktizierten Ritualen des Sonnenkultes, besonders anlässlich der großen, bedeutenden Zeremonien. Sie stehen für die uneingeschränkte Anbetung des Sonnengottes. Er schenkt ihnen Leben, und so schenken sie ihm ebenfalls Leben.

Häufig werden Tiere geopfert, vor allem männliche Lamas, sterile Weibchen und ihre Jungen, aber auch Hauskaninchen, vielerlei Vogelarten, die in dieser Gegend zahlreich vertreten sind und aus allen Provinzen des Reichs gebracht werden, aber auch Hunde, Löwen und Schlangen. Die rituellen Opferungen können auch mit Naturprodukten als Opfergaben erfolgen, die man der Sonne als Zeichen der Dankbarkeit dafür darbietet, dass sie den Menschen Nahrungsmittel und eine Subsistenzgrundlage geliefert hat. So werden dem Sonnengott Talg, Getreide, Gemüse und die Coca-Pflanze geopfert, oder auch Aca[46], ein aus Mais hergestelltes Getränk der Inkas.

---

[45] Histoire des religions, op.cit.
[46] *Aca*: Quechua-Bezeichnung des Lieblingsgetränks der Inkas. Unter dem Namen *Chicha*, den die Spanier diesem Getränk nach ihrer Invasion gaben, ist es bis heute bekannt und wird noch immer in Peru hergestellt.

Es sind aber vor allem die Menschenopfer, die das wahre Wesen dieser rituellen Opferungen zeigen. Im Gegensatz zu den Praktiken der Azteken, die häufig Menschenopfer darbrachten, waren sie bei den Inkas eher selten. Nur in wirklich schwierigen Lagen, die das Ausmaß einer nationalen Katastrophe annahmen, wurden den Göttern einige „ausgewählte Frauen" geschenkt, woran sich ihre rituelle Tötung anschloss, die die Wut der Götter besänftigen sollte.

Dies war ebenso alle vier Jahre der Fall, wenn sich der Inka von allen angesammelten Unreinheiten befreite. Hierzu schlief er mit einer Sonnenjungfrau. Diese wurde dann zur *Capachucha* – wörtlich „Schandfleck" – und kam in einem besonderen Ritus zu Tode, um so den Herrscher und die Gesamtheit des Universums zu reinigen. Für diese kathartische Zeremonie bestimmt zu sein, wurde in der Regel von den Sonnenjungfrauen als große Ehre angesehen.

In der Sorge um eine optimale Wirksamkeit des Rituals kam es vor, dass man etwa zehn Jahre alte Kinder opferte, die nach Kriterien ihrer moralischen und physischen Vollkommenheit ausgesucht wurden. Die Kinder, die hierfür bestimmt wurden, schätzten sich glücklich und waren stolz darauf, zumal sie dadurch (ohne den Preis einer guten Lebensführung) einen bevorzugten Zugang in das Jenseits hatten, das sonst nur für Angehörige königlichen Blutes bestimmt war.

Die vierte Art von Menschenopfern war die sehr symbolträchtige Opferung der tapfersten Kriegsgefangenen. Wie bei den Azteken wurde auch ihnen bei lebendigem Leibe der Brustkorb geöffnet und das Herz herausgerissen, das der Sonne geopfert wurde.

Beerdigungsrituale

Der direkte und ständige Zusammenhang von Leben und Tod kommt ebenso stark in den Beerdigungsritualen zum Ausdruck, die keinen Endpunkt markieren, sondern die Verbindung zwischen zwei Welten, zwei Bereichen des Universums, wo das Leben seine Gestalt ändert, aber dennoch nicht aufhört.

Innerhalb des oben beschriebenen Rahmens der Sonnenreligion könnte man sogar von einem tatsächlichen „Totenkult" sprechen, so sehr sind die rituellen Feierlichkeiten, die dem Tod einer Person folgen, mit Bedeutung und Sinn für jeden Einzelnen aufgeladen, egal welchen sozialen Standes – ebenso wie die Hierarchie des Diesseits im Jenseits respektiert wird: die Adligen kehren wieder zur Sonne zurück, während das einfache Volk auf der Erde bleibt.

Der Tod ist kein Ende an sich. Wenn ein Inka stirbt, gelangt er zu der Gemeinschaft seiner Vorfahren, wo die Toten sich versammeln und gemeinsam trinken und essen wie die Lebenden. Von hier aus, von dieser neuen Welt, wachen die Ahnen über die Lebenden, sie machen ihnen Mut und geben ihnen Kraft, damit sie die Prüfungen des alltäglichen Lebens bestehen.

Der Übergang in diese andere Dimension, mit dem Beginn einer neuen Existenz einhergehend, wird nach bestimmten Ritualen vollzogen, die das Sterben umgeben. Der Verstorbene, gleich welchen sozialen Ranges, ist in jeder Beziehung Mittelpunkt einer sehr speziellen Aufmerksamkeit seiner Verwandten. Man beerdigt ihn mit seinen schönsten Kleidern und seinen wertvollsten Besitztümern: Alle diese Gegenstände sollen ihn in die Welt begleiten, die er jetzt betreten wird, nachdem seine Zeit auf Erden vorüber ist.

Während manche Leichname eine spezielle Behandlung erhalten, um mumifiziert zu werden, wie es etwa beim Inka und einigen hohen Adligen vollzogen wird (wir kommen später ausführlich darauf zurück), dann soll der Körper des Verstorbenen auf keinen Fall, und dies gilt selbst für die Inkas einfacher Herkunft, Verletzungen erfahren oder eine Behandlung, die für ihn schmerzhaft sein könnte oder ihn leiden ließe. Denn die Inkas glauben, dass der Tote immer noch verspürt, was mit ihm geschieht, und nur scheinbar leblos ist. Dies ist auch der

Grund, warum die Körper, die nicht einbalsamiert sind, nicht begraben, sondern in einer Totennische aufbewahrt werden, weil das Gewicht der Erde den Toten erdrücken könnte.

Die Zerstörung des Körpers befürchteten vor allem die Angehörigen des Blutadels: sie würde bedeuten, dass ihnen die Unsterblichkeit versagt bliebe, die ihnen dank ihrer Geburt und Zugehörigkeit zur königlichen Familie versprochen war, da sie in direkter Linie von der Sonne abstammten.

Diese knappen Ausführungen helfen uns zu verstehen, warum die Inkas ihre Vorfahren mit einer unbegrenzten Verehrung bedachten. Ihrem Glauben nach versammelten sich die Toten im Jenseits, wo sie wie zu Lebzeiten beisammen waren und gemeinsam Mahlzeiten einnahmen. Hieraus erklärt sich die Bedeutung, die den sterblichen Überresten beigemessen wurde, insbesondere bei den Menschen, die eine herausragende Stellung im Leben inne hatten.

Mumien

Um den tieferen Sinn zu erfassen, den die Mumifizierung von Verstorbenen in der Inka-Gesellschaft einnimmt, braucht man sich nur vor Augen zu halten, welch fundamentale Rolle der Ahnenkult in dieser Zivilisation spielte. Denn die Vorfahren können von der anderen Welt aus das Schicksal der Menschen beeinflussen. So können sie zum Beispiel mit ihrem gemeinsamen Wohlwollen dafür Sorge tragen, dass Ernten gut ausfallen. Deshalb machen die Inkas alles, um sie zufrieden zu stellen, sie tragen die mumifizierten Toten umher und integrieren sie in das gemeinschaftliche Leben.

So versteht man leicht, warum die Mumien in farbenprächtige Kleider gehüllt werden, Schmuck tragen und von wertvollen Gegenständen umgeben sind. Regelmäßig werden sie anlässlich der Rituale aus ihren Totennischen in den Tempeln oder Mausoleen hervorgeholt, wo sie gewöhnlich ruhen, um sie an der Seite ihrer Nachfahren und mit dem Segen des

Sonnengottes an den offiziellen und wichtigsten Zeremonien der Inkas teilnehmen zu lassen.

Außerdem spielen Mumien, wie überhaupt die Leichname der Ahnen, für die Weissagungen eine wichtige Rolle: sie ermöglichen, mit Hilfe eines Deuters, Orakel zu erhalten und liefern Anweisungen für die Heilung von bestimmten Krankheiten.

Die Vorgehensweise bei der Mumifizierung ist aus technischer Sicht einfach: Nach Beendigung des Beerdigungsrituals werden dem Toten die Eingeweide entnommen, die in einem eigens dafür vorhergesehen Behältnis begraben werden. Der Körper selbst wird anschließend mit Teer ausgefüllt, in die Embryohaltung zurückversetzt und dann ausgetrocknet, indem er dem Nachtfrost und der Hitze des Tages ausgesetzt wird. Um der Mumie menschliche Züge zurückzugeben, erhält sie am Ende dieses Prozedere eine Perücke oder einen Turban.

Manchmal aber, wenn von dem Leichnam nur noch eine Art Bündel sterblicher Überreste übrig bleibt, wird diesem ein unechter Kopf aufgesetzt, dessen Augen durch Muscheln und dessen Nase durch ein Stück Holz nachgebildet werden.

Der Mumie des Inka wird die allermeiste Aufmerksamkeit geschenkt, sie wird regelrecht zu einem Kultobjekt. Man spricht mit der Mumie, reicht ihr Nahrung, sie verfügt über weite Ländereien und Truppen, die einen teuren Unterhalt fordern, sie hat eigene Diener und wird regelmäßig oder nach ihrem „Wunsch" mitgenommen, um sowohl Lebenden als auch Toten einen Besuch abzustatten oder an rituellen Feierlichkeiten teilzunehmen. Nicht selten versammelte der herrschende Inka bei wichtigen Zeremonien, selbst wenn sie im Freien stattfanden, die Mumien mehrerer seiner Vorgänger um sich und demonstrierte so seine Abstammung von der Sonne, die viel weiter reicht als die Zufälligkeiten des menschlichen Lebens oder die der materiellen Welt.

Im Gegenzug dazu assistierte die Mumie des königlichen Herrschers denen, die gerade das Land regierten, sie intervenierte in Staatsangelegenheiten, wenn sie dazu wegen ihrer hellseherischen Fähigkeiten befragt wurde, wobei ein Priester als Übermittler der Botschaften diente.

Da die Mumie mit übernatürlichen Kräften ausgestattet ist, vermittelt sie zwischen der Welt der Lebenden und der Welt der Toten, indem sie deutlich macht, dass beide nur die Umsetzung ein und derselben Realität unter dem Himmelszelt sind.

So ist die Mumifizierung, wie auch schon der Glaube an ein Weiterleben nach dem Tod als menschliches Wesen – sei es unter den am meisten Privilegierten im Himmel oder beim einfachen Volk auf der Erde – ein fundamentales Kennzeichen der inkaischen Kultur.

Die spanischen Eroberer beriefen sich seit ihrer Ankunft in diesem Land auf ihren Auftrag zur Evangelisierung, um die Barbarei und Plünderzüge primitiver Söldnerheere zu rechtfertigen. Dies führte unter anderem dazu, dass sie all ihre Ehre nicht nur darein setzten, die Mumien verschwinden zu lassen, da sie nicht in der Lage waren, ihren unschätzbaren kultischen Wert zu erkennen, sondern auch den christlichen Ritus der Beerdigung einzuführen, womit sie ohne zu zögern einen der bedeutendsten und ältesten Bräuche verhöhnten, der die Inkas mit ihren frühen Ursprüngen verband.

Die Altarräume und kultischen Orte der Inkas

Wenn die Mumien mit der Zeit verschwinden – selbst wenn es als fast gesichert gelten kann, dass einige von ihnen nie gefunden wurden, da sie angesichts der Beutezüge der Eroberer beiseite geschafft wurden und bis heute in den versteckten Heiligtümern der Bergregionen verborgen sind –, gibt es dennoch Spuren des Sonnenkultes, die von den Conquistadoren nicht so leicht auszulöschen waren: Hierbei handelt es sich um die unzähligen Heiligtümer und kultischen Orte, die im ganzen Inkareich verteilt liegen.

Der Sonnenkult ist, wie wir gesehen haben, im Leben der

Inkas allgegenwärtig. Er geht aus der Ehrfurcht hervor, die sie der Sonne ständig entgegenbringen. Es vergeht kein Tag, an dem man nicht der Sonne gedächte und wenigstens eine Handlung zu ihrer Ehre ausführte.[47]

So ist es nicht erstaunlich, dass der Sonnenreligion eine ganze Reihe von Orten gewidmet sind, die eigens dafür bestimmt waren, die höchste Gottheit im Pantheon der inkaischen Götter zu verehren. Hierbei sollten wir nicht vergessen, dass das Reich ein kaum vorstellbares Ausmaß annahm – mit einer Süd-Nord-Ausdehnung von mehr als 4000 km –, und dass jede Ethnie, jeder Stamm und jedes Königreich, die in den schrittweise erfolgenden Eroberungen unterworfen wurden, obwohl sie nicht vollständig ihren angestammten Glauben aufgaben, dennoch angehalten wurden, die offizielle Religion anzunehmen.

Die zentrale Macht in Cuzcos wird sich also darum bemühen, dass es im Laufe der Zeit in jeder Region des Imperiums, jedem Tal, jeder bedeutenden Stadt, sogar in manchen Fällen in jedem Dorf einen Ort gibt, der speziell dem Sonnenkult gewidmet ist, ein Heiligtum, das ständig von den täglichen Unreinheiten reingewaschen wird und wo man sich versammelt, die heiligen Rituale durchführt, die sehr populären Zeremonien der Hauptstadt wiederholt und sich der Sphäre des Göttlichen nähert.

Tatsächlich ist in den Augen der Inkas jeder Tempel, jeder Altarraum und jeder kultische Ort heilig und stellt ein Bindeglied zwischen der Welt der Menschen und der Größe, der grenzenlosen Macht der Sonne dar. So gab es eine Vielzahl von

---

[47] Die permanente Anbetung kann sehr unscheinbare Formen haben und einfach in das Alltagsleben eingebunden sein: „(...) bei ihren normalen Mahlzeiten, wenn man ihnen nach dem Essen etwas zu trinken brachte (denn sie tranken niemals während des Essens selbst), tauchten sie die Spitze ihres Mittelfingers in das Getränk, schauten mit großer Verehrung gen Himmel und schüttelten mit einem Schnipser den Tropfen von ihrem Finger; sie schenkten ihn der Sonne als Anerkennung, dass sie ihnen zu trinken gab (...)." Garcilaso de la Vega, Commentaires royaux ..., op. cit.

Tempeln mit ihren Priestern, denen häufig Sonnenhäuser unterstanden, die von „ausgewählten Frauen" bewohnt werden, die wiederum der Sonne ihre Dienste leisteten.[48] Gleichwohl war in Cuzco – alle Berichte bestätigen dies – die Sonnenreligion am meisten präsent.

Cuzco ist nicht nur die Hauptstadt des Inkareichs. Hier wird der Sonnengott für die Menschen auf direkteste und konkreteste Art und Weise erfahrbar. Dies geschieht durch eine Mittlerperson, nämlich seinen Sohn, den Inka. Der Legende nach wurde dieser Ort hierfür ausgesucht, da hier Manco Cápac, der Stammesvater der Inka-Nation, seinen goldenen Stab in die Erde rammte, um den ersten umherziehenden Stammesangehörigen einen Ort zu bedeuten, wo sie innehalten sollten, um ihre Opferungen und Orakel abzuhalten.

Cuzco ist auch der Ort, an dem sich die Götter und geheiligten Vorfahren, so wie die Sonne selbst, den Menschen zeigen. Aus diesem Grunde ist Cuzco nicht nur eine Stadt, es ist das riesige Gefäß des Heiligen. Dies verleiht dieser Stadt eine ganz besondere Aura, an die keine andere Stadt der Inkas jemals herankommen könnte. Jeder Inka, der in Cuzco lebt – vor allem, wenn er dort auch geboren wurde –, verfügt über einen natürlichen Einfluss auf die anderen Einwohner des Reichs, die ihm Respekt zollen und manchmal auch den Vorrang geben.

Neben dem Sonnentempel (auf den wir später noch zurückkommen werden) ist die gesamte Stadt – bis zum kleinsten Stein und zu den schmalsten Gässchen – ein heiliger Ort. Alle seine Einwohner baden im Laufe der Zeit in einer fast greifbaren Sakralität, die in tausend Formen zum Ausdruck gebracht wird. So vergeht kein Tag, an dem man nicht auf die eine oder andere Weise die Sonne anbetet und feiert, sei es im Haus der

---

[48] Jede Provinz des Imperiums muss sich an der Ausbreitung und Unterstützung der Religion beteiligen, dies geschieht vor allem in der Form, dass Tempel und Klöster der *Acclas* unterhalten werden und jedes Jahr eine gewisse Anzahl junger Mädchen für diese zur Verfügung gestellt werden.

Sonnenjungfrauen, auf den öffentlichen Plätzen oder ganz im Privaten, so dass das Feuer eines inbrünstigen Glaubens niemals erlischt.

In den Tempeln findet man die Sonne in nur leicht abgewandelter Form je nach Ort in Gestalt einer anthropomorphen[49] Statue und einer imposanten Scheibe aus Gold dargestellt. Die Herrscherin, die eine Tochter des Mondes, aber auch die Frau der Sonne ist, wird hingegen als eine anthropomorphe Gestalt aus Silber dargestellt.

Nüchternheit und Strenge sind die bestimmenden Merkmale dieser zentralen Orte der inkaischen Spiritualität. Dies gilt, selbst wenn der Ausdruck der großen Ehrfurcht gegenüber dem Gott Inti manchmal grenzenlos ist, wie man es auch im Hauptort des Sonnenkultes des gesamten Reichs feststellen kann, auch im Sonnentempel von Cuzco.

Der Sonnentempel in Cuzco: der *Coriancha*

Im Herzen Cuzcos, der heiligen Stadt, liegt der Ort, der mehr als alle anderen ein Bindeglied zwischen den Menschen und der Sonnengottheit darstellt. Er ist viel mehr als nur ein schlichter religiöser Raum: wer auch immer ihn betritt, dringt in den Vorhof des Heiligen vor, findet sich in einer anderen Sphäre des Verstehens wieder und erfährt in unbeschreiblicher Weise, was Friede, innere Ruhe und Harmonie bedeuten.[50]

Von Anfang an stand der Sonnentempel durch seine Proportionen über der Dimension des Menschlichen. Im Laufe der Zeit verschönerten ihn die Herrscher der Inkas immer

---

49 Anthropomorph: von menschlicher Gestalt.

50 „Immer wenn die Priester ihre Tempel betraten, oder in ihrem Innern waren, berührte der bedeutendste seine Augenbrauen und machte eine Geste, als ob er sich einige Haare herausreiße; ob er sie wirklich herausriss oder nicht, er blies sie zu der Götterstatue als Zeichen seiner großen Verehrung und Opfergabe." Garcilaso de la Vega, Commentaires royaux ..., op. cit.

weiter, sie hörten nicht auf, seine Reichtümer und den prächtigen Goldschmuck zu vergrößern, da sich jeder Inka großzügiger als sein Vorgänger zeigen wollte.

Der Sonnentempel – nach Cieza de León mit „einem Umfang von vierhundert Schritten" – wurde aus präzise behauenen Steinen errichtet, die nur durch Bitumen, einer Art Asphalt, zusammengehalten wurden. Auf halber Höhe der Umwallung verlief ein Gesims aus Gold, das von manchen mit einer prachtvollen Girlande verglichen wurde.

Die Türen des Tempels waren ebenfalls mit Gold verkleidet und erlaubten den Zutritt zu einem paradiesischen Schauspiel: *„(...) ein Garten*[51] *voller Gegenstände aus feinem Gold oder mit Mais bepflanzt, bei dem die Stiele, Blätter und*

---

[51] „Dieser Garten (...) war zur Zeit der Inkas ganz und gar aus Gold und Silber, wie die Gärten, die es in den königlichen Palästen gab, mit ihren vielen Pflanzen, Blumen aller Arten, Büschen und großen Bäumen, mit großen und kleinen Tieren, wilden und gezähmten, mit sich schlängelnden Tieren, wie Schlangen, Eidechsen und Nacktschnecken, mit Schmetterlingen, Ziervögeln und Raubvögeln. Alle Tiere waren so platziert, dass sie so wahrheitsgetreu wie möglich ihre Vorbilder wiedergaben. Es gab dort ein großes Feld, auf dem Mais und *Quinoa* angepflanzt waren (eine dem Reis oder der Hirse ähnliche Getreidesorte), sowie verschiedene Gemüsepflanzen und Obstbäume, deren Früchte in natürlicher Größe aus Silber oder Gold nachgebildet waren. Auch gab es hier goldene oder silberne Holzhaufen, wie im Haus des Königs, große Statuen, die Männer, Frauen und Kinder darstellten, ebenfalls aus denselben Metallen gegossen, zahlreiche Speicher, die man *Pirua* nannte; dies alles war dafür da, das größte und majestätischste Haus ihres Gottes, der Sonne, auszuschmücken. Jedes Jahr, anlässlich der wichtigsten Feste, die man zu seinen Ehren feierte, brachte man ihm eine große Menge an Silber und Gold dar, um das Gotteshaus zu verschönern, und deshalb erdachten sie sich jeden Tag neue Glanzstücke. Alle Goldschmiede, die im Dienste der Sonne im Tempel arbeiteten, machten nichts anderes als die Gegenstücke der natürlichen Dinge herzustellen, von denen wir gerade gesprochen haben. Außerdem erstellten sie das Geschirr für den Sonnendienst, wie Schalen, Trinkgefäße und große und kleine Krüge. Kurz gesagt, man konnte in diesem Haus nichts in die Hand nehmen, für welchen Gebrauch auch immer, was nicht aus Gold oder Silber war, selbst die Werkzeuge, die als Hacke oder Spaten für die Gartenarbeit dienten. So bezeichnete man den Sonnentempel mit Fug und Recht als Haus *Coriancha*, als goldenen Stadtteil." Garcilaso de la Vega, Commentaires royaux ..., op. cit.

Ähren ebenfalls aus Gold waren. Zwischen dieser künstli-
chen Bepflanzung weideten an die zwanzig naturgetreu nach-
gebildete Lamas aus Gold. Im Innern des Gartens befanden
sich vier Heiligtümer, deren Außen- und Innenwände mit
Platten aus dem Edelmetall tapeziert waren. Das größte un-
ter ihnen beherbergte ein Abbild des Sonnengottes, das mit
vielen Edelsteinen geschmückt war. (...) Um diese Statue
herum waren die Mumien der verstorbenen Herrscher aufge-
stellt, deren Gesichter in Richtung der Stadt blickten, die sie
beschützten."[52]

Um die wirkliche Bedeutung und den wahrhaft majestätischen Eindruck dieses Tempels voll zu erfassen, sollten wir
ein weiteres Mal auf Garcilaso de la Vega zurückgreifen, der
die genaueste Beschreibung dieses Bauwerks liefert: „*Das*
Holzdach war so hoch, dass die Luft frei zirkulieren konnte;
es war mit Stroh bedeckt, da die Indianer keine Dachziegel
kannten. Die vier Mauern des Tempels waren von oben bis
unten mit Goldplatten verkleidet. An dem Ort, den wir als
Hochaltar bezeichnen, hatten sie eine Scheibe aus Gold auf-
gestellt, die den Sonnengott darstellte und doppelt so dick
war wie die Platten der Außenverkleidung. Diese kreisrunde
Platte aus einem Guss zeigte ein rundes Gesicht, umgeben
von Strahlen und Flammen, genauso wie es die Maler übli-
cherweise darstellen. Sie war so groß, dass sie den oberen Teil
des Tempels ausfüllte, von einer Mauer zur anderen. (...) An
den beiden Seiten des Sonnenbildnisses befanden sich die
Körper der verstorbenen Könige, die in der Reihenfolge ihres
Alters aufgestellt waren, als Söhne der Sonne, und sie waren
auf solch kunstvolle Weise einbalsamiert (...), dass sie wie le-
bendig wirkten. Sie thronten auf goldenen Sitzen und saßen
auf Platten ebenfalls aus Gold, wie die, auf denen man sie zu
Lebzeiten zu tragen pflegte, und schauten in Richtung der
Stadt. Huaita Cápac wurde noch mehr verehrt als die übri-
gen. Er befand sich direkt vor dem Abbild der Sonne mit ihr

---

[52] H. Favre: Les Incas, op. cit.

zugewandtem Gesicht, als sei er der beste und am meisten geliebte Sohn des Sonnengottes (...). "

Im Sonnentempel wurden die Gottheiten durch Statuen aus Gold repräsentiert, denen die Priester und Sonnenjungfrauen dienten, die in abgesonderten Wohnräumen lebten. Aufgrund der großen Bedeutung dieses Ortes entstammten die Priester des Sonnentempels der königlichen Familie.

Die Gesamtheit der Anlage war heilig. Es war ein heiliger Ort, zu dem ausschließlich Geweihte Zutritt erhielten, so dass das einfache Volk niemals zugegen war. Der Kult selbst wurde im Freien auf dafür vorgesehenen Plätzen zelebriert.

Der Sonnentempel in Cuzco, der berühmte *Coriancha*-Tempel, war im ganzen Imperium berühmt, und mit seiner unvergleichlichen spirituellen Aura, die mit einem solchen Glanz von dem Herzen der Hauptstadt ausging, diente er als Vorbild, im übertragenen wie im direkten Sinn, für eine Reihe von Tempeln, die zu Ehren der Sonne in allen Provinzen des Inkareichs errichtet wurden. Die Lokalhäuptlinge, die so genannten *Curacas*, rivalisierten aus diesem Grunde in der Ausgestaltung ihrer Tempel. Sie versuchten nach Kräften, den eigenen Tempel zu verschönern und förderten die Herstellung von Gegenständen aus Silber und Gold, die als Zeichen ihrer großen Verehrung des Sonnengottes dienten.

So wurden in den Tempeln in allen Gegenden des Inkareiches mit der Zeit bemerkenswerte Reichtümer angehäuft, die für die Einwohner als ganz natürlich und unantastbar galten, nach der Invasion durch die Spanier aber zum Gegenstand der fürchterlichsten Ausschreitungen wurden, die nichts mehr mit der vorgeblichen „Mission zur Evangelisierung" gemein hatten.

Einige dieser kultischen Orte erlangten einen ganz besonderen Ruf, der auf den dort praktizierten Ritualen beruhte.

Der heilige Ort am Berg Huanacauri

In der Nähe von Cuzco gelegen ist dies der Ort, an dem einer der drei Brüder von Manco Cápac, Ayar Cachi, zu Stein geworden sein soll. Hier wird der Sonnenkult mit grenzenloser Hingabe gefeiert, was vor allem durch Menschenopfer zum Ausdruck kommt.

Der Tempel Vilnacota

Der Tempel von Vilnacota liegt ungefähr zwanzig Meilen entfernt von Cuzco und ist ebenfalls eine der zentralen Stätten des Sonnenkultes. Es ist aber vor allem ein Tempel, zu dem man aus den entferntesten Gegenden kommt, mit reichen Opfergaben ausgerüstet, um Orakel zu befragen. Die Genauigkeit der Vorhersagen, die hier getroffen werden, ist von alters her berühmt.

Der Tempel Titicaca

Wie es bereits angesprochen wurde, ist der Titicaca-See[53] ebenfalls eine der wichtigsten Kultstätten der Inka-Kultur. Erinnern wir uns daran, dass nach einer der beiden Ursprungslegenden Manco Cápac und sein Stamm aus dieser Gegend kamen, die später das gesamte Inkareich errichten sollten.

Die Legende erzählt, dass auf der Insel in der Mitte des Sees die Sonne ihre beiden Kinder niederlegte, einen Sohn und eine Tochter, die sie zur Erde schicken wollte, damit sie die Menschen unterrichteten und sie aus ihrer Barbarei befreiten, in der sie bis dahin lebten. Man erzählte sich auch, dass die

---

[53] Titicaca bedeutet wortwörtlich übersetzt „Bleiberg" von Quechua *titi* „Blei" und *caca* „Berg".

Sonne nach der Sintflut hier erschien und ihre Strahlen als erstes den See und die Insel beleuchteten.

Der Legende nach verließ Manco Cápac den See und diesen heiligen Ort, überzeugt davon, dass er und seine Frau der Sohn und die Tochter der Sonne seien.

So werden sie von den Inkas als heilig angesehen. Sie errichteten ihnen auf der Insel inmitten des Sees einen prachtvollen Tempel, dessen Wände mit Goldplatten ausgekleidet waren. Dieses Heiligtum erlangte schließlich eine große Berühmtheit im gesamten Reich und erhielt Jahr für Jahr überwältigende Mengen an Silber, Gold und Edelsteinen als Opfergabe an den Sonnengott. Die Gaben nahmen eine so beeindruckende Fülle an, dass sie sogar außerhalb des Tempels angehäuft werden mussten. Sie hätten den Bau eines zweiten Tempels ausschließlich aus Gold erlaubt.[54]

In diesem Tempel des Titicaca-Sees wurden die gleichen Zeremonien und Rituale vollzogen wie in dem *Coriancha*-Tempel von Cuzco.

Die Sonnentempel von Machu Picchu

Ein anderer sehr symbolischer Ort der Geschichte der Inkas ist ohne Zweifel der Ort, den man die „verlorene Stadt" nennt, denn Machu Picchu entgeht den Eroberungszügen der Spanier, mit ihrer Politik der „verbrannten Erde" und ihren Plünderungen der Heiligtümer, und wird erst 1911 entdeckt. Diese heilige Stätte der Inkas trug den Namen *Vilcabamba* und wird heute nach dem Berg – Machu Picchu – benannt, auf dem sie ruht.[55]

---

[54] Es wird erzählt, dass die Inkas auf die Nachricht der spanischen Invasion und den systematischen Plünderungszügen hin den größten Teil der Schätze des Tempels in den See warfen, aus dessen Tiefen sie bis heute nicht geborgen werden konnten. Dieses Szenario vollzog sich vielerorts im Inkareich, wo beim Auftauchen der Spanier gewaltige Reichtümer in den Seen, in Höhlen und in den Bergen versteckt wurden.

[55] Wörtlich übersetzt bedeutet Machu Picchu „Alter Gipfel".

Fast vierhundert Jahre lang bleibt diese Stätte ein von Rätseln umwobener Ort, umgeben von Mythen und Legenden, aus dem sich viele Geschichten speisten – in Wirklichkeit war sie aber eine prächtige und ganz reale Stätte. Gelegen auf einem schwindelerregenden Gipfel im Herzen der Anden, in einer Mulde kaum zugänglicher Gebirgsmassive, liegt diese heute interessanteste archäologische Fundstätte, die am wenigsten durch die Zeit und die Menschen abgenutzt wurde. Machu Picchu besaß aller Wahrscheinlichkeit nach ebenfalls einen Sonnentempel sowie alle anderen üblichen Gebäude (ein Sonnenhaus für die Priester, ein Kloster für die „ausgewählten Frauen" usw.).

Es ist sogar möglich, dass diese hoch in den Bergen der Gebirgsausläufer Perus gelegene Stätte die letzten Inka-Herrscher nach der Flucht vor den Spaniern beherbergte. Viele Erzählungen bezeugen in der Tat, dass die Eroberer im Sonnentempel von Cuzco nur Bilder der früheren Herrscher „aus Ton" vorgefunden hätten, freilich bekleidet mit glitzernden Stoffen und mit reichlich Schmuck versehen, also lediglich Nachbildungen der bedeutenden Mumien – während die echten Mumien versteckt und einige davon nach Machu Picchu gebracht wurden.

Die Gruppe der Sonnentempel wurde mit dem einzigartigen architektonischen Wissen der Inkas und der gleichen Sorgfalt wie in der Hauptstadt errichtet. Es gab mehrere Gebäude nebeneinander, rund um den heiligen Platz, die der Verehrung der Sonne dienten: der Sonnentempel in Form eines Halbkreises (unter freiem Himmel), der Tempel der „Drei Fenster" (mit Überdachung) und die Wohnanlagen der Priester. Diese Gebäude wurden aus riesigen Steinblöcken erbaut, die so genau zugeschliffen und ineinander gepasst wurden, dass man noch heute nicht einmal eine Nadel zwischen sie stecken könnte! An dieser hohen, ehrwürdigen Stätte widmete man sich ganz der Anbetung der Sonne. Als ein herausragendes Beispiel kann man bis heute an der Spitze einer Stufenpyramide die faszinierende *Intihuantana* bewundern, eine

Art Sonnenuhr und Opferaltar in einem, an die der Sonnenpriester symbolisch die Sonne bei ihrer Wintersonnenwende band, wenn die Sonne für immer hinter dem Horizont zu verschwinden drohte.[56]

Viele Erzählungen berichten übereinstimmend davon, wie die reichen Schätze und Bildnisse des Sonnenkultes, unter ihnen die große Darstellung des Sonnengottes, die sich einst im Tempel von Cuzco befand, kurz vor der Einnahme der Stadt durch die spanischen Eroberer heimlich nach Machu Picchu gebracht wurden.[57]

Die wirkliche Bedeutung dieser Kultstätten und Heiligtümer kann man nur erfassen, wenn man auch die unzähligen Tempel, die dem Sonnengott und den anderen Gottheiten gewidmet waren, in die Betrachtung mit einbezieht. Diese lagen sowohl im Zentrum selbst als auch in den entlegensten Gegenden.

Bei ihrer Unterwerfung der umliegenden Gebiete zollten die Inkas immer den lokalen Gottheiten einen gewissen Respekt, was das Weiterleben ganz verschiedenartiger Glaubensrichtungen sowie das Fortbestehen der lokalen heiligen Orte bei den einzelnen Ethnien und Bevölkerungsteilen ermöglichte, die so sehr an den Gebräuchen ihrer Vorfahren hingen. Diese Vorgehensweise steht ganz im Gegensatz zu den spanischen Missionaren: Diese plünderten die Tempel, verbrannten die Mumien, verhöhnten die Kultur der Inkas und zwangen ihnen in einer gewaltsamen Mission das Christentum auf.

---

[56] Die *Intihuantana* von *Machu Picchu* ist eines der seltenen erhaltenen Beispiele, da sie niemals von den Spaniern entdeckt wurde. Denn zumeist zerstörten die spanischen Eroberer diese Stätten, da sie die Bedeutung kannten, die sie in den Augen der Inkas einnahmen. Auf diese Weise versuchten sie zielsicher, die Kultur der Inkas systematisch auszulöschen.

[57] Hier verbrachte auch der letzte Herrscher der Inkas, Tupac Amarau, seine Kindheit, bevor er an anderer Stelle von Francisco de Toledo gefangen genommen wurde, der sich des Sonnenbildnisses bemächtigte, welches der Inka bei sich führte, um es als Kriegsbeute nach Spanien zu schicken.

Viele Elemente, die für den aufmerksamen Beobachter zu Zeugen des damaligen Lebens werden, verraten die großen Anstrengungen einer bedeutenden Zivilisation in ihrer vollen Entwicklung und Reife, die sich häufig nur unter schweren natürlichen Bedingungen ausbilden konnte, sowie ihre immerwährende große Religiosität. Sie hinterlassen uns ihre unzähligen Tempel und Heiligtümer als oft unauslöschliche Spuren ihrer spirituellen Wachheit.

III. Teil:
Die Nachwirkung der Sonnenreligion der Inkas

Auf jeder Reise gibt es einen bestimmten Augenblick, wo das Bedürfnis sich zu bewegen, aufzubrechen oder voranzuschreiten plötzlich verschwindet und einem anderen Wunsch freien Lauf lässt, der sich langsam und mit aller Kraft aufdrängt. Es ist der Drang stehen zu bleiben, das Gepäck abzusetzen und um sich zu schauen. Und sich somit vollständig der Gegend bewusst zu werden, in der man sich befindet und die einen umgibt.

Das Privileg einer Reise durch Zeit und Raum, die wir heute unternehmen und die uns zu den weit entfernten Hochebenen der Anden führt, ermöglicht es uns, mit einem Blick die zahlreichen Facetten der Sonnenreligion der Inkas zu erfassen, die das Streben und Trachten einer ganzen Zivilisation vor Augen stellt.

Die Anbetung der Sonne hat nicht nur die Bindungen zwischen den ursprünglichen Inkas selbst enger geschnürt, die aus einer Ethnie unter vielen anderen eine Ethnie mit einer ganz eigenen Identität machte: Sie gab die Kraft, ein ganzes Reich aufzubauen, das sich in einer für die meisten Menschen jener Zeit kaum vorstellbaren Weise bis zu fernen Grenzen hin ausbreitete; sie war die Triebfeder, die die Sonnenreligion zur offiziellen Religion auf einem Gebiet im Umkreis von mehreren Tausend Kilometern machte, in dem sie nicht nur die einzelnen Rituale, sondern auch die einzelnen Glaubensrichtungen miteinander verband, die berechtigten Hoffnungen auf ein besseres Leben in Symbiose mit den subtilen Kräften der Natur.

Aus diesem Zusammenschluss von Landstrichen, Hügeln,

Bergen und Tälern, aus diesem Amalgam der Völker und Ethnien mit unbestreitbaren Unterschieden, dem die Dynastie der Inkas in weniger als drei Jahrhunderten einen unvergleichlichen Sinn zu geben wusste, entwickelte sich eine „Gesamtheit", die eine gewisse Vorstellung von Glauben und individueller Erfüllung fortleben ließ, wobei jeder Mann, jede Frau und jedes Kind seine letzte Bestimmung einzig in der aktiven Teilnahme an der kollektiven Anstrengung, an der Verwirklichung eines Ganzen sah.

Dieser Gedanke eines notwendigen Aufgehens des Einzelnen in der Gesamtheit – in der kollektiven Gemeinschaft – um zu einer echten Verwirklichung zu gelangen, ist ganz wesentlich für das Verständnis der Philosophie der Inkas. Denn jedes Ritual zur Anbetung der Sonne möchte nur die Verschmelzung mit ihr symbolisch nachzeichnen, das Erkennen der Sonne als Spender allen Lebens und letzten Endes die Rückkehr des Menschen zu seinem göttlichen Wesen.

Aber die Menschen sind nur die Menschen: Auch wenn sie sich dieses göttlichen Teils in sich bewusst werden, müssen sie doch jederzeit mit allen Facetten und Zwängen der Materialität kämpfen. Das Inkareich wird ein weiteres Mal erschüttert werden, nachdem es an der höchsten Stufe seiner Realisierung und Erfüllung stand, sowohl im spirituellen als auch im religiösen Bereich ein vorher unerreichtes Abstraktionsniveau erreicht hatte. Der Tod des Inka Huayna Cápac wird sich über das gesamte Reich wie ein Lauffeuer verbreiten.

6. Das Reich der Inkas im Zeitalter der spanischen Eroberungen

Wir befinden uns im Jahr 1528. Das Inkareich steht in voller Blüte. Seit Menschengedenken war es nicht so mächtig und so weit ausgedehnt gewesen. Doch auch jetzt bedeutete der Tod ihres Herrschers die zyklische Rückkehr zu den fernen Ursprüngen des Inkastammes. Die Macht ist geschwächt und scheint sich mit dem Tod ihres Herrschers aufzulösen, der die Geschicke des Landes in den letzten Jahren bestimmt hatte.

Mit dem Ableben von Huayna Cápac werden die Grundfesten des Staates erschüttert, die seither so sehr gelockert sind, dass das Inkareich bald wie ein Kartenhaus zusammenzufallen scheint. Die Thronfolge ist wie immer zunächst offen: Die Prätendenten machen sich untereinander die *Maskapaicha* streitig, die die Macht des Herrschers symbolisiert. Wieder einmal vollzieht sich der ewige Kreislauf von Tod und Wiedergeburt der Macht im politischen Leben des Inkareichs. Hierbei scheint die Analogie zum Wechselspiel der untergehenden und wieder aufgehenden Sonne offensichtlich, auf die so häufig Bezug genommen wurde. Was die Inkas jedoch nicht ahnen konnten, ist die Tatsache, dass ihr Reich niemals zu seiner Pracht und Größe zurückfinden wird.

Die beiden Söhne des verstorbenen Herrschers Huayna Cápac, Atahualpa und Huascar, die beide die Nachfolge des Vaters für sich beanspruchen, rivalisieren um die Inthronisierung als Inka. Sehr schnell verhärten sich die Fronten, und die militärischen Zusammenstöße werden immer häufiger.

Die Zeit vergeht, das Inkareich scheint wie erstarrt, seine Geschichte angehalten, wie in einem endlosen Warten begriffen. Der Norden und Süden beginnen sich gegenseitig zu bekämpfen. Einzelne Ethnien schließen sich der einen oder anderen Partei an. Die Clanführer ziehen ihren Profit aus dieser Lage und rebellieren hier und da gegen das Inka-Imperium. In diesen Rebellionen kommen ihre früheren Autonomiebestrebungen wieder zum Ausdruck, ebenso wird deutlich, wie sehr der Druck der Herrschenden auf ihnen gelastet hat.

Im Unterschied zu früheren Interregnumsperioden wird jetzt ein einschneidendes Ereignis die strahlende Entwicklung der Inka-Zivilisation plötzlich unterbrechen: Im April des Jahres 1532, zu einem Zeitpunkt, als das Reich bereits durch die inneren Kämpfe zerrissen ist, betritt Francisco Pizarro an der Spitze eines Heeres von 180 spanischen Conquistadoren und 27 Pferden das Königreich der Inkas – und tritt in ihre Geschichte ein.

Zwar handelte es sich nur um eine Handvoll Menschen, sicherlich nicht viele angesichts der mehreren hunderttausend Einwohner des Inkareichs, doch trugen sie etwas in sich, was für die Sonnenreligion den Tod bedeuten würde: die Ideale des Christentums, die als Rechtfertigung gelten für alle Ausschreitungen, alle Beutezüge und Massaker, die mit dem erklärten Willen durchgeführt werden, sich zu bereichern und ein Volk zu unterjochen, weswegen sie in ihrer letzten Konsequenz den Niedergang der kultischen und kulturellen Grundfesten einer so bedeutenden Zivilisation mit sich brachten.

Eine angekündigte Veränderung

Es wäre aber ein Irrglaube, dass nur die kriegerischen Leistungen der Eroberer Grund für den Untergang dieser faszinierenden Zivilisation gewesen wären. Zwar lief das Aufeinandertreffen gewaltsam und brutal ab[58], jedoch bedeuteten die modernen Waffen der Spanier einen großen Vorteil für die Eroberer. Dennoch muss man den Grund für die spätere Entwicklung in erster Linie in der Kultur der Inkas selbst suchen. Als die spanischen Eroberer peruanischen Boden betraten, sprachen zwei interne Faktoren gegen die Stärke der Inkas und ihres Reiches: auf der einen Seite der Zerfall des Inkareiches in der Zeit eines Interregnums, wo niemand wirklich das Reich regiert oder in der Lage wäre, alle Kräfte unter sich zu vereinen. Es ist eine Zwischenperiode, in der die allgemeine Unentschlossenheit viele Fehler hervorbringt und in der oftmals wichtige Zeit für die Inkas verloren ging. Auf der anderen Seite hatte die Mythologie der Inkas seit langer Zeit die Ankunft eines weißen, bärtigen Mannes, der auf einem ihnen unbekannten Wesen angeritten kommt, vorhergesagt. Diese

---

[58] Die Feuerwaffen der Spanier sorgten für große Verwirrung in den Reihen der Inkas, ebenso wie die Pferde, die den Indianern unbekannt waren und von ihnen für unsterbliche Wesen gehalten wurden. Wegen ihrer Rüstungen konnten die Spanier mit den Pfeilen der Inkas nicht verletzt werden, was bei diesen den Glauben erwachen ließ, die Eroberer seien unbesiegbar.

Vorstellungen leiteten sich von Viracocha ab, der, nachdem er die Welt erschaffen hatte, in Richtung Westen (!) verschwand und aus dieser Richtung zurückkehren sollte. Daran hatte auch der letzte Inka Huayna Cápac kurz vor seinem Tod erinnert.[59]

Garcilaso de la Vega gibt die Worte des letzten Inkas wieder: *„Schon seit langer Zeit wussten wir von unserem Vater, dem Sonnengott, dass nach der Regentschaft von zwölf Königen, seinen Söhnen, andere und uns fremde Menschen in diese Gegend kommen werden, die uns besiegen und unterwerfen würden, ebenso wie andere Königreiche neben uns. Ich denke, sie werden aus dem gleichen Land stammen wie jene, die, wie uns berichtet wurde, in der Nähe unserer Küsten segeln. Sie werden mutig sein und über euch in allen Bereichen siegen. Wir wissen auch, dass ich der zwölfte Inka bin. Ich kann euch versichern, dass nur wenige Jahre, nachdem ich euch verlassen habe, die Fremden kommen werden und sich erfüllen wird, was unser Vater uns vorhergesagt hat. Sie werden uns besiegen und sich zu den neuen Herrschern dieser Gegend machen. Ich befehle euch, ihnen zu dienen und ihnen zu gehorchen wie man Menschen dient, die in allem höher stehen als man selbst. Denn ihre Religion ist besser als die unsrige, und ihre Waffen sind mächtig und unbesiegbar. Lebt in Frieden, ich werde mich zurückziehen und zu meinem Vater, zu der Sonne, gehen, der mich zu sich ruft."*[60] Nur fünf Jahre nach dieser Ankündigung des Königs bewahrheitete sich die Prophezeiung, und sie erfüllte sich genau in der vorhergesagten Art und Weise.

So wurde die Ankunft der Spanier von den Inkas als göttliche Fügung interpretiert, als angekündigtes Ende eines großen Zeitalters, das Ende ihrer Entwicklung und einer Ära, die mit ihrem unermesslichen Reichtum ohne Vorläufer war, jetzt aber Platz für eine „andere Welt" machen musste.

---

[59] Huayna Cápac: Nachfolger von Tupac Inka im Jahre 1493, gest. 1527.
[60] Garcilaso de la Vega, Commentaires royaux …, op. cit.

Hier scheint plötzlich der Mythos von der ständigen Erneuerung des Universums, von den sich ablösenden Welten durch: Die Welt der Inkas verliert sich in der Dunkelheit des Todes und kündigt bereits ihre Rückkehr in einer weit entfernten Zukunft an. Dann beginnt nach der Mythologie die Zeit des *Inkarri*, eine Zeit des Friedens und der Harmonie, die über das durch die Spanier herbeigeführte Chaos siegen wird. Einmal mehr identifizieren sich die Inkas mit der von ihnen so sehr angebeteten Sonne, die nach einem leuchtenden Tag und der Pracht eines mächtigen Reichs in eine lange Nacht im Zeichen der Regeneration eintreten wird. Zeit verläuft für die Inkas nicht linear, sondern zyklisch: was in einer Periode hoch stand, wird in der nächsten seinen Tiefpunkt erreichen.

Diese „Chronik eines angekündigten Endes" erklärt, warum es weniger als zweihundert Männer vermochten, in so kurzer Zeit eines der größten Reiche, die bis zu diesem Zeitpunkt existiert hatten, zu besiegen. Die spanischen Eroberer machten sich hierbei geschickt die internen Kämpfe und die Konkurrenz zwischen den Brüdern zunutze, sie spielten auf allen Ebenen der Inka-Gesellschaft die inneren Rivalitäten gegeneinander aus und schmückten sich mit der ihnen zugeschriebenen Aura des Göttlichen.

Sobald es nur die leiseste Spur von Widerstand im zusammenfallenden Imperium gab, wurde er unerbittlich von den Eroberern niedergeschlagen. Aber in den meisten Fällen unterwarfen sich ihnen die Völker und gehorchten damit der Prophezeiung Huayna Cápacs. Den Rest bewirkte das gekonnte Ausspielen der Parteien gegeneinander und die geschickte Diplomatie Francisco Pizarros, der es verstand, bei den lokalen Ethnien die alten Feindseligkeiten wieder aufleben zu lassen, so dass sie sich gegenseitig eliminierten.

Nach einem langen Bruderkampf um die Macht wurde am Ende Atahualpa zum neuen Inka und Herrscher über den königlichen Hof in Cuzco. Pizarro und seine Männer gelangten nach ihrer zweimonatigen Reise von der Küste in die Stadt Cajamarca, in der Atahualpa und Pizarro nach langen Verhandlungen beschlossen hatten sich zu treffen.

An diesem entscheidenden Tag des 16. November 1532, von dessen Tragweite die meisten der Anwesenden noch nichts ahnten, geht es in der Tat um die Zukunft des Inkareichs. Die Conquistadoren, beeindruckt von der Ehrwürdigkeit der Inkas, spürten immer stärker Panik in sich aufsteigen, zumal immer mehr Krieger herbeiströmten, um dieser Begegnung beizuwohnen, und der Herrscher der Inkas von einer ganzen Heerschar Adliger umgeben war. Einzig Pizarro scheint sich seiner Sache sicher zu sein. Er kennt die Sitten und Gebräuche der Indianer gut, da er sie über zwanzig Jahre lang studiert hat, und weiß um ihren Schwachpunkt.

Atahualpa folgte der Einladung Pizarros zu einem Festmahl. Er kommt alleine, ohne seine Krieger und nur in Begleitung einiger unbewaffneter Adliger, wohl um die Spanier zu beeindrucken. In der Überzeugung, ein lebender Gott zu sein – zumal er von seinen Untertanen als solcher behandelt wurde, da sie ihn als den Sohn ihres Sonnengottes sahen –, denkt er keinen Moment daran, dass man ihm nach dem Leben trachten könnte, und begibt sich nichts ahnend zu dem verabredeten Treffen: *„Atahualpa kam zum Hauptplatz. Kein einziger Spanier war hier zu sehen. Der Inka gab ein Zeichen, worauf seine Sänfte abgesetzt wurde, und fragte sich: ‚Wo sind nur die Fremden?'. Dann kam Vicente de Valverde auf ihn zu, ein Geistlicher, der Pizarro bei seinem Eroberungszug begleitete, und erklärte Atahualpa mit Hilfe von indianischen Übersetzern, dass die Spanier gekommen seien, um dem Land das Christentum zu bringen. Der Inka verstand nichts von den langen und komplizierten Ausführungen des spanischen Pries-*

ters über die katholische Lehre. Als man ihm aber zu verstehen gab, dass er letzten Endes von seinem Glauben Abstand nehmen und zugunsten Karls V. abdanken solle, erwiderte er verärgert: ,Ich werde niemandes Vasall sein. Kein Fürst dieser Welt hat so viel Macht wie ich. Auch meine Religion werde ich nicht eintauschen. Ihr sagt von eurem Gott, dass er zum Tode verurteilt wurde, während hingegen meiner', und er zeigte zum Himmel, ,immer leben wird'. Valverde überreichte dem Inka sein Gebetbuch. Dieser betrachtete es eine Weile und warf es dann zu Boden. Der Priester wandte sich daraufhin ab und lief zu Pizarro zurück: ,Seht Ihr nicht, was hier passiert?', schrie der Dominikaner voller Jähzorn. „Während wir hier mit diesem eingebildeten Hund diskutieren, rücken dort die Indianer an. Kein Mitleid mit ihnen: Ich spreche Euch im Voraus von allen Euren Sünden frei."[61]

Was folgt, ist nicht sehr berühmt. Pizarro gibt das Zeichen und seine bewaffneten Männer, die sich rund um den Platz im Verborgenen gehalten hatten, greifen die Indianer an. Die überraschten und unbewaffneten Inkas werden in einem wahrhaftigen Massaker niedergemetzelt, der Hofstaat Atahualpas vernichtet, niedergetreten von den auf die Menschenmassen stürmenden Pferde. Fast wäre auch der Inka selbst zu Tode gekommen, doch Pizarro sorgte dafür, dass er von dem Gemetzel ausgenommen wurde. In weniger als einer halben Stunde fielen mehr als Tausend Inkas dem Angriff der Spanier zum Opfer, unter ihnen die Elite des Adels, die das unmittelbare Umfeld des Herrschers und den Kern der Verwaltung des Inkareichs ausmachten.

Die Truppen der Inkas, die außerhalb der Stadt geblieben waren, erstarrten vor Schreck, als sie sahen, was dort vor sich ging und zogen sich zurück, da sie um das Leben des Inka fürchteten, wenn sie einen Vorstoß wagten um ihn zu befreien. Die numerische Übermacht der Inkas gegenüber den wenigen Spaniern half ihnen also nichts.

---

[61] Leonard J. Norton: L'Amérique précolombienne, op. cit.

Nach diesem Tag sollte alles anders werden. Atahualpa wurde gefangen genommen, seine Angehörigen waren tot oder weit im Land verstreut. Das einst so mächtige Inkareich fällt den Eroberern in die Hände. Pizarro lässt einen Teil des Hofes des Inka nach Cajamarca kommen. Atahualpa behält zunächst seinen Rang und seine Privilegien, aber alle Befehle, die der Inka in Zukunft an seine Untergebenen ausspricht, sind in Wirklichkeit Weisungen Pizarros, die seiner Herrschaft über das Inka-Imperium dienen sollen.

So errichteten die Conquistadoren auf Verrat, Betrug und Lüge das Fundament ihrer Kolonie. Pizarro verspricht dem Inka-Herrscher die Freiheit, wenn der Raum, in dem er gefangen gehalten wird, randvoll mit Gold gefüllt würde. In den darauffolgenden Tagen kommen Goldschätze aus allen Gegenden des Reichs, um das Tauschgeschäft zu erfüllen. Wider Erwarten und trotz der Abmachungen wird der Inka unter falschen Anschuldigungen verurteilt und soll bei lebendigem Leib verbrannt werden. Nachdem er die Taufe akzeptiert hat, gesteht man ihm einen weniger grausamen Tod zu. So wird der dreizehnte König der Inkas am 29. August 1533 auf Befehl Pizarros in seinem Gefängnis erdrosselt.

Nach dem Tod Atahualpas stehen die Spanier alleine an der Spitze der Macht. Sie müssen jetzt offen den verbliebenen Truppen der Indianer im Kampf gegenübertreten. Nachdem seine Ermordung bekannt wird und der unermessliche Schmerz überwunden ist, organisiert sich der Widerstand. Im Norden des Reichs kämpft Ruminahui, ein Bruder des Inka-Herrschers, lange Zeit gegen die Truppen unter der Führung von Benalcazar, einem Offizier Pizarros. Ein anderer Anführer der Inkas, Titu Atauchin, greift Pizarro während dessen Marsch nach Cuzco an. Er ist es auch, dem es gelingt, den Eroberern große Verluste beizubringen. Die gefangen genommenen Anführer werden unerbittlich zum Tode verurteilt. So wird etwa Calicuchima lebendig verbrannt, da er sich geweigert hatte, die Taufe anzunehmen.

Der Widerstand der Inkas dauert bis in das Jahr 1572, also

bis vierzig Jahre nach dem ersten Aufeinandertreffen der Inkas und der Conquistadoren. Tupac Amaru, der letzte König der Inkas, wird in diesem Jahr gefangen genommen und auf Befehl des Vizekönigs von Peru, Francisco de Toledo, geköpft.

Von jetzt an beginnt die Phase einer intensiven Kolonisation. Ein großer Teil des ehemals leuchtenden Inkareichs wird nun unter den Eroberern aufgeteilt und degeneriert so zu einem weiten Territorium, über das sich die Eindringlinge streiten, um es sich besser aneignen zu können, freilich unter völliger Geringschätzung der dort lebenden Bevölkerung.

7. Die Rückkehr zum Ursprung der Inka-Identität

Eine Eroberung ist an sich ein ganz natürliches Phänomen. Jede Form des Lebens ist jederzeit eine Eroberung gegenüber der Trägheit der bloßen Materie.

Jedes Individuum verbringt im Laufe seines Lebens einen Großteil seiner Zeit mit Eroberungen, einzig und allein um respektiert und anerkannt zu werden: für seine Identität, seine berufliche Stellung, seinen Lebensraum, seine Freiheit ...

Dies gilt auch für Menschen, die neue Länder erobern, auf der ganzen Welt. An dem Abend nach dem großen Massaker von Cajamarca entgegnet der geschlagene Inka Atahualpa, nachdem er ohne eingreifen zu können den Tod von Tausenden der Seinen ansehen musste, nur lakonisch und mit einer großen inneren Ruhe seinem Gastgeber: *„Es gibt nur eins, erobern oder erobert werden."* Er selbst ist Eroberer und hat Kriege geführt, er kennt die Gesetze.

Und dennoch, jenseits von allen Prinzipien, die die Regeln und Gesetze des Krieges bestimmten, muss man auch nach dem Wie der Eroberungen fragen. Das Inkareich ruhte auf den Anstrengungen mehrerer Generationen und ihrer Eroberungszüge, aber sie achteten stets darauf, den Besiegten ihre Würde zu lassen, ihre Sitten und Gebräuche und nicht zuletzt ihre lokalen Gottheiten. So verfolgten sie in erster Linie das Ziel, die einzelnen Völker und Ethnien unter ihrer Führerschaft in einer Föderation zu verbinden, die zuvor nicht vermocht hatten, ihre Kräfte und ihr Streben für den Aufbau einer gemeinsamen Zivilisation zu vereinen.

Sicherlich erfolgten auch die Eroberungszüge der Inkas in vielen Fällen alles andere als unblutig, aber meistens bewegten sie sich innerhalb der Gesetze des Krieges und respektierten ihre Feinde: niemals wollten sie sie schlicht auslöschen.

Im Gegensatz hierzu verfolgten die ersten von Pizarro angeführten spanischen Eroberer, geradezu berauscht von ihrem zivilisatorischen Drang, in den allermeisten Fällen das Ziel, die Kultur der Inkas schlicht verschwinden zu lassen, die althergebrachten Glaubensinhalte zu vernichten, den Sonnenkult zu verbieten und alle wichtigen Träger einer Religion zu zerstören, einzig aus dem Grund, dass sie nicht die ihrige war. In einem Wort gesprochen verneinten sie das, was die Identität aller Männer und Frauen zu allen Zeiten ausmacht: die Freiheit zu denken.

Die Sonnenreligion im Sturm christlicher Evangelisierung

Seit dem Moment, an dem das Inkareich ins Schwanken gerät, ist nach aller inneren Logik auch die Sonnenreligion in Frage gestellt. Dies gilt zumindest allem Anschein nach, denn in Wirklichkeit ist der Glaube so tief in der Seele der Inkas verwurzelt, in ihrer so authentischen Kultur, in ihren so weit zurückliegenden Ursprüngen, dass die spanischen Eroberer es trotz fortwährender Anstrengungen nicht schaffen, ihren Glauben ganz zu verdrängen.

Das ändert jedoch nichts an der Tatsache, dass auf einer sehr konkreten Ebene, im alltäglichen Leben das christliche Ideal unter keinen Umständen tolerieren kann, was es als absolute religiöse Unkultur ansieht; es kann nicht akzeptieren, dass die christliche Dreieinigkeit nicht verehrt wird, oder auch, dass die Toten nicht beerdigt werden. Deshalb folgt eine systematische Vernichtung und Zerstörung von allem, was zum Kult der Inkas gehört. Meistens geschah dies durch Feuer, was dem Akt der Zerstörung auch einen sehr symbolischen Charakter verleiht. Dabei werden die Attribute der Priester ebenso wie die heiligen Mumien der Tempel verbrannt. Ganz allgemein gesprochen wurden von nun an alle Rituale des Sonnenkultes verfolgt, und hierbei in erster Linie die Opferungen, die zuvor einen so wichtigen und symbolisch aufgeladenen Platz im täglichen Leben der Inkas einnahmen.

Die kollektiven Vergewaltigungen der Sonnenjungfrauen in ihrem *Accla-Huasi* sind nur ein Beweis für den entschiedenen Willen der Spanier, die höchsten Werte der Inkas zu Missachten, denen diese so tief verbunden waren.

In seinem unerbittlichen Bericht schreibt Bartolomé de las Casas, der berühmte spanische Verteidiger der Indianer: *„Im Jahre 1531 betrat, was Raubzüge, Massaker und Brandschatzungen betraf, einer der fähigsten und erprobtesten spanischen Tyrannen Peru. Seine Erfahrungen ruhten auf zwanzig Jahre des Schreckens auf dem Festland; seine Grausamkeit überstieg alle Schurkereien seiner Vorgänger; es wäre ein Ding der Unmöglichkeit, alle Schlechtigkeiten zu berichten, die er diesem armen Land angetan hat, die Scheußlichkeiten, die er selbst vollbrachte oder anordnete, die kriminellsten Angriffe gegen Gott, die Religion und den König, die seinem Namen die Ehre nahmen.“*[62]

Die Invasion ist nicht nur kriegerisch und angeblich zivilisatorisch, vielleicht sogar „kommerziell“ in dem Sinn einer organisierten Ausplünderung der lokalen Ressourcen,[63] wie sie in ganz Peru erfolgen sollten; sie ist ebenso religiös und kultisch und nimmt Formen eines kulturellen Ethnozids an.[64]

Hin und her gerissen zwischen ihrem legendären Stolz und

---

[62] Bartolomé de las Casas: Critique de la Conquête, 1542, 1er Mémoire, chap. XVII.
[63] In den fast dreihundert Jahren brachte die Gesamtheit der amerikanischen Kolonien dem Mutterland mehr als 3000 Tonnen Gold ein.
[64] „Ethnozid“ bezeichnet die Zerstörung einer Zivilisation oder einer ethnischen Gruppe durch eine andere, mächtigere Ethnie.

dem grenzenlosen Respekt gegenüber den Weisungen der letzten Herrscher, die sie dazu bewegten, sich zu unterwerfen, sowie im Zuge der Kämpfe, die ihnen schwere Verluste zufügten, der heroischen Siege, aus denen sie keinen Gewinn schöpfen konnten, des verpassten Einsatzes und des häufigen Verrates, werden sich die Inkas mehr und mehr spalten und sich weiterhin gegenseitig bekämpfen, so dass sie auf diese Weise den Verfall ihres einst so großen Imperiums beschleunigen. Abgesehen von den Misserfolgen in den Kämpfen, den subtilen Allianzen, von denen Pizarro Gebrauch machte und die mit der Zeit die Spaltung der Inkas herbeiführten, abgesehen vom langsamen Vordringen der Conquistadoren, das einer massiven Kolonisierung Tür und Tor öffnete,[65] vollzog sich hier Mitte des 16. Jahrhunderts in den Hochebenen des Andengebirges eine tiefgreifende Veränderung.

Die Inkas mussten durch Bruderkämpfe, den wiederholten Verrat zwischen den Ethnien und versteckte Rivalitäten herbe Verluste hinnehmen, so dass die Adligen, die dem Überfall und Massaker von Cajamarca entgangen waren, in den folgenden Jahren den Gewaltausbrüchen zum Opfer fielen, die das Land erschüttern sollten. Die wirkliche Tragweite der Tragödie, die die lokale Bevölkerung zu erleiden hatte, als sie ihr Universum zerbrechen und ihre Werte verhöhnt sah, lässt sich an diesem tatsächlichen Wendepunkt einer Zivilisation erkennen.

Selbst wenn es Jahre dauern sollte, um einen dauerhaften Frieden zu etablieren, ist das Wesentliche schon nach wenigen Monaten getan: Eine neue Ära hat begonnen, mit einer neuen Herrschaft, die sehr schnell ihre Übermacht demonstriert, getragen von Menschen, die von weit her kommen und hier ihre ganz eigenen Regeln und Gesetze durchsetzen. Mehr noch als das Aufeinanderstoßen von Individuen sind es zwei Welten, die sich begegnen und gegenseitig durchdringen. In Hinblick auf die Ausschreitungen gegenüber der autochthonen Bevöl-

---

[65] Im Jahre 1560 lebten bereits mehr als 6000 Spanier in Peru.

kerung lässt sich bei der Eroberung, in deren Folge die Bevölkerung von 8 Millionen im Jahre 1530 auf nur 1,3 Millionen im Jahre 1590 schrumpfte, von einem wirklichen Genozid sprechen. Die spanischen Eroberer gingen massiv gegen die althergebrachte Religion und den Sonnenkult vor, sie rühmten sich einer umfassenden Evangelisierung, die zur Konversion eines ganzen Volkes geführt habe.[66] Und dennoch, es gelang ihnen nicht, die Seele der Indianer völlig nach ihren Vorstellungen umzuformen.

Eines kann man sicherlich festhalten: Die Spanier führten ein neues Verwaltungssystem ein, mit anderen Zuständigkeiten und Gesetzen, sie eigneten sich mit allen Mitteln die Reichtümer des ehemaligen Inkareichs an und stützten ihre Handelsverbindungen zwischen den Kolonien und Spanien auf die lokalen Arbeitskräfte – dennoch vermochten sie es nicht, trotz aller Anstrengungen, die tiefen Wurzeln der Inkazivilisation ganz zu vernichten.

Der beste Beweis hierfür ist, dass trotz der Einführung des Christentums als einzigen religiösen Bezugspunkt auf dem Gebiet des alten Imperiums sich das Volk – nach solch schweren Prüfungen auf sich selbst zurückgezogen – niemals daran hindern ließ, an seinen alten religiösen Traditionen festzuhalten: Sie verehrten weiterhin ihre lokalen Gottheiten, die *Huacas*, sie gaben sich im Schutze ihrer vier Wände, fernab von den Blicken derer, die niemals etwas anderes als Eindringlinge sein sollten, ihren wenn auch vereinfachten Ritualen zur Verehrung der Fruchtbarkeitsgötter hin, aber auch der des Sonnengottes, in dem sie für seine Rückkehr nach einer langen Nacht beteten, die durch die spanische Eroberung angebrochen war.

Hierin lässt sich das oftmals bestätigte Anzeichen erkennen, dass das Bewusstsein eines Volkes in seinem Sozialleben und seinen alltäglichen Gebräuchen verankert liegt, in den

---

[66] Viele der großen Lokalhäuptlinge wurden bei lebendigem Leib verbrannt, wenn sie sich weigerten, der Taufe zuzustimmen.

täglichen Antworten auf die Bedrängnisse der materiellen Wirklichkeit, sowie in dem Bezug zum Göttlichen, den jeder für sich ganz persönlich empfindet, was sich nicht mittels einer obskurantistischen und zerstörerischen Exkommunikation herbeiführen lässt.

Die gegenseitige Durchdringung der spanischen Kultur und der Kultur der Inkas

Die Resultate der erzwungenen Koexistenz von Indianern und spanischen Eroberern werden unausweichlich im Laufe der Zeit, nach einigen Jahrzehnten, zu einer tiefgreifenden Veränderung in der peruanischen Gesellschaft führen. Dies geschah aber nicht notwendigerweise nach den Vorstellungen der Neuankömmlinge.

Einmal eingesetzt verfolgte die Kolonialherrschaft unerbittlich ihre Weiterentwicklung, da sie ihre Position im Zuge des steigenden Zustroms von neuen Kolonisten zu erweitern suchte. Anwandlungen des Widerstandes seitens der Inkas wurden rasch unterdrückt oder auf geographische Enklaven beschränkt, die keine Möglichkeit zur Ausdehnung auf das Gebiet des ehemaligen Imperiums erhielten.[67] Der allergrößte Teil der Bevölkerung in den einzelnen Provinzen unterwarf sich aber zusehends der Macht Francisco Pizarros.

Eine neue Gesellschaft bildet nun ihre Strukturen aus, von deren Gesetzen die das soziale Leben bestimmenden Spanier profitieren, in der die Ressourcen und Reichtümer des Landes systematisch ausgebeutet werden, von denen die allermeisten die lange Reise zum spanischen Festland antreten. Auf der Ebene des Aufeinandertreffens der Menschen wird der Zusammenprall zweier Zivilisationen und Kulturen jedoch am

---

[67] Zwischen 1537 und 1545 forderten die sporadischen Kämpfe, die zwar unterdrückt wurden und dennoch hier und da ausbrachen, bei den Spaniern rund 1500 Tote, während etwa 300 000 der widerständigen Indianer ihnen zum Opfer fielen.

stärksten spürbar. Hier wird das Zusammenschmelzen und die Assimilation einer Kultur an die andere nach und nach die Grundfesten einer neuen Organisationsform entstehen lassen.

Hinter der anscheinend erfolgreichen Inbesitznahme konnte die Kolonisation nicht wirklich die mehreren Jahrhunderte eines kulturellen Erbes zerstören, trotz der exemplarischen standrechtlichen Exekutionen und der Zerstörung der rituellen Gegenstände. Mit Sicherheit kann man feststellen, dass die spanischen Einwanderer über die wichtige Arbeitskraft der Ureinwohner verfügten und sie unterjochten, auf der anderen Seite errichteten sie ihre neuen Strukturen auf den Grundlagen einer bereits vorhandenen sozialen Organisation, *„da sie aus den Herrschaftsmechanismen der Inkas ihren Profit zogen. Einiges in der Funktionsweise der Ayllú konnte so fortbestehen, soweit es nicht den Kolonisten dabei im Wege stand, die Arbeitskraft der Indianer auszubeuten. (…) Nach der Ankunft der Spanier und als jegliche Hoffnung auf eine Restauration des verlorenen Imperiums begraben war, haben sich die ehemals Mächtigen und Adligen durch Heirat mit den spanischen Eroberern zu verbinden versucht. Sie behielten einige ihrer Privilegien und begannen einen langsamen Prozess der Akkulturation (…).“*[68]

Selbst wenn man sagen kann, dass sich die Lebensgewohnheiten in den Städten europäisiert haben, wobei ein Teil der Bevölkerung sicherlich nur oberflächlich seine Lebensform der der Spanier angepasste, gilt für die große Mehrheit der Bevölkerung in den Anden, dass sie stark den früheren Werten verhaftet blieb. Und wenn die Macht der Inkas auf politischer Ebene verschwand, so kann man doch bis zu einem gewissen Grade der Ansicht sein, dass sie sich in gewissem Sinne „verschob" und nach und nach durch die Ehen zwischen jungen Frauen des inkaischen Adels mit den Conquistadoren „ausgewaschen" wurde. Oder anders gesagt, was die Diplomatie und militärischen Strategien der ersten Herrscher nicht vermoch-

---

[68] C. Auroi: Des Incas au Sentier lumineux, op. cit.

ten, haben die zwischenmenschlichen Beziehungen im sozialen Zusammenleben langsam kompensiert und faktisch eingeführt.

Auf der Ebene der Religion, insofern es als unbestreitbar gelten kann, dass der Katholizismus künstlich gegen die alten Riten durchgesetzt wurde, lässt sich mit Fug und Recht genauso feststellen, dass sich die Religion der Eroberer nicht als alleinige durchsetzte, sondern in der Sonnenreligion der Inkas aufgegangen ist, um einen, man könnte sagen, originellen Synkretismus[69] im Bereich der Religion hervorzubringen.

Im Zuge der Unterdrückung durch die spanischen Eroberer erleiden die ersten Inkas, die auf die spanische Kultur stoßen, eine wirkliche kulturelle Desintegration. Jenseits der neuen Regeln, die die Spanier eingeführt haben, benötigten diese noch viel mehr als Waffen, um ihre Art des Denkens und ihren Glauben, die sie von der anderen Seite des Ozeans mitgebracht hatten, hier einzuführen.

Die Jesuiten reisten durch das Land, predigten das heilige Wort, verteilten Rosenkränze und Heiligenbilder, dennoch wurde schnell deutlich, dass es sich hierbei um eine Invasion handelte, was einige der Einwohner der Provinzen veranlasste – nämlich die, die am meisten in der alten Inkakultur verhaftet waren – unter dem Anschein einer vollkommenen Unterwerfung kulturell in den Widerstand zu treten.

Sobald die Türen der Wohnhäuser geschlossen waren, lebten die häuslichen und privaten Riten wieder auf. Es gab keine Tempel, keine Mumien mehr, keinen vergöttlichten Inka, der ein ganzes Volk leiten könnte, keine grandiosen, öffentlichen Zeremonien, keinen Prunk, der einem bis dato unerreichten Imperium innewohnte. Aber die Anbindung an die lebendigen Kräfte der Natur blieb intakt, und der Glaube an den Schutz durch die lokalen Gottheiten wurde mehr denn je zu einem

---

[69] Synkretismus: kohärente Verbindung (im Unterschied zum Eklektizismus). Verschmelzung mehrerer Religionen, Auffassungen, Standpunkte, Systeme.

Wesensmerkmal in diesen schweren Zeiten einzig aus dem Grund, dass es das letzte war, an das sich die Inkas festhalten konnten, die häufig von allem beraubt waren, zusammengepfercht leben mussten, manchmal willkürlich in andere Gegenden zerstreut. Man kann dem Menschen alles nehmen, wenn man ihm jedoch die Möglichkeit zu denken lässt, dann bildet er ein authentisches Wesen aus und behält ein Stück seiner Identität, der Menschlichkeit.

Die Sonne hingegen wurde nicht mehr öffentlich verehrt, aber sie war nicht weniger Tag für Tag in der Gegenwart der Menschen präsent, ob sie nun Inkas oder Spanier waren, und sie schien erstere ständig daran zu erinnern, dass sie sich nicht verändert habe und sie weiterhin beschütze, selbst wenn man ihnen verboten hatte, der Sonne die gebührende Anbetung zukommen zu lassen. Wie hätten auch alle, die während einer so langen Zeit den Sonnenkult gelebt hatten, zumal in einer grenzenlosen Verehrung, die keine Einschränkungen duldete, jetzt dies vergessen können, und verneinen, was einer ihrer Grundzüge war, was lange Jahre hindurch einen der wichtigsten Stützpfeiler ihrer Existenz ausmachte?

Manche konnten sich niemals mit den Eindringlingen abfinden. Sie verpflichteten sich dem bewaffneten Kampf, einige von ihnen verloren hierbei ihr Leben. Sie schrieben so ihren Namen mit ehrwürdigen Lettern auf der langen Liste des Genozids an den Inkas ein. Die Mehrzahl beugte sich aber dem spanischen Joch und unterwarf sich. Manchen Adligen gelang es sogar, sich zu behaupten und sozial aufzusteigen, hierfür mussten sie aber ihre Herkunft verleugnen, die spanische Sprache lernen und sich europäisch kleiden.

Die Menschen des einfachen Volks verschlossen sich in ihrem tiefen Glauben. Ihr Leben verlief ähnlich schwierig wie zuvor, unter gleichbleibend harten klimatischen Bedingungen. Sie lebten aber mit einem nicht zu beschreibenden Verständnis für die natürlichen Rhythmen, das ihnen sagte, dass die Zeit für sie spielte.

Es war offensichtlich, dass eine neue Ära angebrochen war

und dass die Prägung, die die Spanier dem Land aufgedrückt hatten, die Rückkehr zu der vergangenen Größe des Inkareichs nicht mehr zuließ. Aber ist nicht alles, wenn man genau hinschaut, eine zyklische Bewegung, wie es die alten Mythen der Inkas schon seit langem berichten? Wurde nicht gesagt, so weit die Erinnerung der Inkas reicht, dass alles eines Tages zu Ende sein wird, um dann später wieder zu entstehen? Nach den Schrecken einer wilden und brutalen Kolonisierung, jenseits des Schmerzes, den jede Familie, jeder Einzelne erlitten hatte, gab es bereits wieder die Hoffnung einer angekündigten Wiedergeburt. Und das lange Warten begann ...

Das Aufkommen einer stark „messianischen" Strömung

Die spanische Eroberung, dieser unkontrollierte Wirbelsturm, ließ die Inka-Nation von einer Epoche in die nächste übergehen. Jenseits der Berge und der Hochebenen der Anden öffnete die Eroberung ihr die Augen für den Rest der Welt und opferte im Vorübergehen auf einem Altar dunkelster Beweggründe die althergebrachten Werte eines ganzen Volkes.

Die Weisen aller Epochen und aller Kontinente bestätigen seit Urzeiten, dass jeder Tod, weit davon entfernt, ein Ende zu sein, in Wirklichkeit der Beginn einer Wiedergeburt ist.

Die Inkas sahen nichts anderes als das, was sie zu kennen glaubten: In Francisco Pizarro und seinen Männern in ihren schweren Rüstungen, die noch dazu auf den Rücken ihnen unbekannter Tiere (Pferde) kamen, erkannten sie die Rückkehr Viracochas, auf den sie schon lange gewartet hatten. Dieser schreckliche Irrtum kostete sie das Reich, welches sie in fast dreihundert Jahren aufgebaut hatten – eine Ironie des Schicksals, da dies manchmal ebenfalls mit unbarmherzigen kriegerischen Eroberungen vonstatten ging.

Jetzt richtet sich ihr Blick erneut in die Zukunft. Sie haben die Hoffnung, wenn schon nicht ihre imperiale Größe, dann doch wenigstens ihre eigene Identität wiederauferstehen zu sehen, und zwar in ihrer echtesten und angesehendsten Gestalt, die verkörpert sein würde in einem Nachfahren der Herrscherfamilie von einst. Die Rückkehr zum Glauben und zu den rituellen Praktiken der alten Bräuche in der Intimität des Privaten war hierbei mit Sicherheit ein wichtiger Schritt, obgleich sie sich parallel zu einer offiziellen katholischen Evangelisierung, die offenbar vorausschritt, abspielte.

Im Laufe der Zeit bewirkten kleine, sporadische Revolten, in denen sie die spanische Kultur angriffen und sich an die Nachkommenschaft des Sonnensohnes hefteten, dass die eigene Identität der Inkas langsam wieder an die Oberfläche gelangte, ohne dass sie es allerdings geschafft hätten, die Kolonialmacht ernsthaft in Frage zu stellen. Selbst wenn die Verwaltung der Eroberer es vermochte, sich dauerhaft auf dem nahezu gesamten peruanischen Gebiet festzusetzen, verdichten sich dennoch einige Anzeichen, dass die Identität der Ureinwohner ein Wiederaufleben erfuhr.

Nachdem der Sitz der Kolonialmacht zunächst in Cuzco etabliert worden war, in einer Entfernung von rund vierhundert Kilometern zur Küste und nur auf unwegsamen Pfaden durch das Gebirge zu erreichen, beschloss Pizarro, die Hochebene wieder zu verlassen und in der Nähe des Ozeans eine Hauptstadt zu gründen. Das war die Geburtsstunde von Lima, nur zwölf Kilometer vom Meer entfernt gelegen. Die spanische Sprache und die europäischen Lebensgewohnheiten breiteten sich entlang der Küste aus, vor allem auf den Haciendas und dem landwirtschaftlich geprägten Großgrundbesitz. Im Hochland der Anden wurde hingegen das Quechua, die Sprache der Inkas, zur wichtigsten Sprache.

Verstärkt durch die Bedeutung der lokalen Reichtümer kamen bald Meinungsverschiedenheiten und Streitigkeiten innerhalb der spanischen Kolonialmacht selbst auf; hierbei ging es häufig um die Verteilung der Beute, von der jeder seinen Teil erhalten wollte. Dies führte sogar dazu, dass sich die Rivalen offen angriffen, was in fast bürgerkriegsähnliche Verhältnisse mündete, unter denen die Ermordung Francisco

Pizarros im Jahre 1541 zu den dunkelsten Episoden gehörte.[70]

Die dem Sonnen-Universum gestohlenen Reichtümer begannen die Finger derjenigen zu verbrennen, die vor nichts zurückgeschreckt hatten, um sie sich anzueignen. Manch einer sah in dieser Entwicklung eine immanente und göttliche Gerechtigkeit, eine Rache des Sonnengottes an denen, die ihn offen verhöhnt hatten. Zwar waren die alten Zeiten vorbei, doch sollte sich die Zukunft ebensowenig so gestalten, wie es sich die Spanier in ihrer Arroganz der Eroberer ausgemalt hatten.

Die unmögliche Rückkehr zur Sonnenreligion

Als die ersten Spanier nach Peru kamen, verstanden sie nicht, dass die Welt, die sie hier betraten, nichts mit der Welt gemein hatte, aus der sie stammten.

Abgesehen von den atemberaubenden Weiten, den Gebirgsausläufern und eingekesselten Tälern, den Hochebenen mit ihrem unwirtlichen Klima, lebten die Männer und Frauen dort schlicht mit einer anderen Vorstellung von der Welt und hatten einen anderen Bezug zum Universum, an dem sie selbst teilnahmen. Das Streben dieser Gesellschaft war in keinster Weise, Profite und Reichtümer anzuhäufen, sondern viel eher zu existieren und in einer makellosen Harmonie mit der Natur fortzubestehen. Der Inka, Sohn der Sonne, war die lebendige Inkarnation dieses Gleichgewichts, das sie einige

---

[70] Schon seit 1538 kam es zu schwerwiegenden Rivalitäten zwischen den Conquistadoren, vor allem unter den Anhängern von Francisco Pizarro und denen von Diego de Almagro. Dieser nahm die Brüder Pizarros, Hernando und Gonzalo gefangen. Der Erste wurde freigelassen, dem Zweiten gelang die Flucht. Im April des Jahres 1538 wurde Almagro in der Schlacht von Salinas getötet. Sein Sohn übernimmt seinen Posten, und die Almagristen bringen ihrerseits Pizarro im Juni des Jahres 1541 um. Gonzalo Pizarro wiederum bringt den Vizekönig Perus um, Nuñez Vela, während er sich selbst in der Nahe Cuzcos geschlagen geben muss und schließlich geköpft wird.

Jahrhunderte hindurch erst zu definieren und dann zu erhalten wussten.

Die Inkas lernten zu arbeiten und machten sich so die Hochebene zu Eigen, die vorher unergiebig und unproduktiv war, indem sie eine bemerkenswerte Terrassenlandschaft errichteten. Ihr erklärtes Ziel war es, die Gemeinschaft zu ernähren und sich gegen die Strenge der Elemente zu wappnen. In keinem Moment dieses produktiven Kreislaufs dachten sie an irgendeine Form des Profits, allein diese Vorstellung war ihnen gänzlich unbekannt.

Claude Auroi bemerkt hierzu zutreffend: *„Dies verhinderte natürlich nicht, dass es Arbeit, Produktion, Anhäufung von Gütern und verschiedene soziale Klassen gab. Aber die Anerkennung, die ein* Curaca *oder ein* Sinchi *genoss, war nicht von seinen Reichtümern abhängig, sondern von seiner Legitimität als Repräsentant eines* Ayllú *oder von seinem Kampfgeist. Seine Aufgaben brachten mit sich, dass er etwas Entsprechendes für die Privilegien, die er genoss, leisten musste. So richteten die Adligen Feste aus und vergaben Essen, standen den Alten und Schwachen zur Seite und regelten Konflikte.“*[71]

Die Conquistadoren betraten den peruanischen Boden und brachten diesem Land die Idee des Profits, mit einer Raubrittermentalität, die allen Eindringlingen eigen ist. Ihre Stärke half ihnen, und so hatten sie keine Schwierigkeiten, das von den Inkas zum Erblühen gebrachte Universum zu zersetzen, so dass es ohne Hoffnung auf eine Erneuerung auseinander fiel. Die Solidarität der Gemeinschaft und die Reziprozität machte einer Individualisierung der Verhaltensweisen Platz, die die Totenglocke der alten Werte läuten ließ.

Was immer die Eroberer an Schätzen gewonnen haben, an Ländern, derer sie sich ungestraft bemächtigten, an den verschiedensten materiellen Gütern – niemals konnten sie in der Mentalität der Ureinwohner eine Entsprechung finden, da sie ihnen immer verschlossen blieb.

---

[71] C. Auroi: Des Incas au Sentier lumineux, op.cit.

Heute wie gestern liegen die größten Reichtümer der Inkas fraglos in dem unsichtbaren Universum ihres Glaubens, der Riten und Praktiken, dieser alt überlieferten Religiosität – unzertrennbar von ihrer Identität – die im Zuge der Eroberung gezwungenermaßen versteckt werden musste und nur noch in der Intimität ihrer privaten Räume entschleiert wurde.

Der Prunk der Sonnenreligion ist mit Sicherheit schon lange Zeit verschwunden, die Ausdrucksform eines ganzen Volkes scheint hinter dem Schleier einer forcierten Christianisierung nivelliert und mundtot gemacht worden zu sein. Aber dies alles vollzog sich nur im Bereich des Scheinbaren, des Konkreten und Materiellen.

Die Realität der Inkas findet sich woanders. Nämlich in dieser Religiosität, die jeder Einzelne internalisiert hat und die bis heute von einem inbrünstigen Glauben zeugt. So spielt es letztlich keine Rolle, ob man gezwungen ist, bei sich zu Hause zu feiern, in der Nacht, in der man die *Apus* oder *Aukis* feiert, diese Geister der Verstorbenen, jedoch nun eher im Privaten als in einem kollektiven Ritus. Ist es nicht das Wesentliche, weiterhin eine starke Bindung mit den Gottheiten zu haben sowie mit den Kräften, die schon immer das Universum bestimmten?

Die Schamanen und Hexer haben den Platz der ehemaligen Priester eingenommen und haben einen großen Einfluss auf die Bevölkerung. Die Religion hat sich mit Magie gefüllt, um sich besser gegen die Welt des Westens verteidigen zu können. Und in der Tat haben die Gebräuche der Andenbewohner einer starken Hispanisierungsbestrebung Stand gehalten, die sich nach und nach an den Unwegsamkeiten der Andenregion aufgerieben hat und es deshalb vorzog, sich auf die Küstengebiete zu konzentrieren und dies immense, bergige und schlecht zugängliche Territorium der Andenkordilleren den Indianern zu überlassen.

Seither und nach den Massakern, die mehrere Millionen Opfer forderten, ist die demographische Kurve wieder angestiegen und befindet sich in einer langsamen Aufwärtsbewe-

gung, so dass sich heute die Hochebene der Anden einer Be-
völkerungszahl erfreuen kann, die die Verluste wieder aufge-
holt hat und an die Glanzzeiten des Inkareichs bereits wieder
anknüpfen konnte. Immer weniger Menschen lassen sich finden, in deren Adern rein spanisches Blut fließt. Eine weitere
erfreuliche Entwicklung ist, dass heute wieder mehr als 6 Millionen Menschen Quechua sprechen, die Sprache des Inka-
volkes.

Ob sie nun Kleider in europäischem Stil oder wieder hand-
gefertigte Stoffe tragen, einen modernen Beruf ausüben oder in
ihrer archaischen Lebensform verhaftet bleiben, die Indianer
Perus haben zweifelsohne ihre Werte wiedergefunden. Trotzdem kann man nicht darüber hinwegsehen, dass die spanische
Kolonisation, mit ihren unzähligen Ausschreitungen, im Leben eines jeden Einzelnen und in dem kollektiven Gedächtnis
eines ganzen Volkes seine nicht zu leugnenden Wunden hinterlassen hat.

Der beste Beweis hierfür ist, dass die moderne Kultur, die
die jungen Menschen verstärkt zum Studium anregt, auch
dazu beiträgt, dass sie zu ihrer tiefliegenden Identität zurückfinden. So wird die Rückkehr zu den Ursprüngen der Inka-Nation bei den intellektuellen und kulturellen Zirkeln hoch geschätzt – so wie es auch in einer anderen Weise in den
ländlichen Gemeinschaften der Fall ist, die in erstaunlichem
Maße den ehemaligen *Ayllú* ähneln. Die jungen Menschen
entdecken hier den tiefen Sinn des einst so großen Inkareichs
wieder, ja, sie beginnen sogar, die großen Feste der Sonnenwende im Winter und im Sommer nach dem alten Brauch und
mit dem alten Prunk erneut zu feiern. Dies geschieht nicht,
um den Voyeurismus der Touristen zu befriedigen, sondern
einzig und allein, um sich der Werte und ewigen Rhythmen eines Sonnenkultes zu vergewissern, der nie ganz verschwunden ist, und zwar aus dem einfachen Grund, dass er von jeher
eine der wesentlichen spirituellen Quellen eines Volkes war,
das durch ihn wiederholt den Verlust seiner Seele verhindern
konnte.

Und wie sollte man nicht hinter dem gelebten Katholizismus, der zur offiziellen Religion wurde, diese seltsame Assimilation zwischen Christus und dem früheren Sonnengott sehen, die von den Menschen im Bereich des Privaten vorgenommen wurde. Man könnte daran erinnern, dass die Inkas ihren Gott Pachacámac, lange bevor sich Inti durchsetzen konnte, als „Gott Vater" bezeichneten, womit sich ihnen mit erschreckendem Scharfblick eine schmerzvolle Zukunft anzukündigen scheint.

Wir sehen, die Zeit ist vergangen. Die Menschen haben durchgesetzt, was sie für rechtens hielten. Aber heute wie gestern brennt noch die Sonne in den Herzen der Indianer Perus, so wie in den Zeiten des Glanzes ihres Inkareichs. Die Sonne ließ sie alles ertragen, um heute mit ganzer Kraft zu bestätigen, dass sie noch da sind und dass der wesentliche Pakt mit dieser Erde, mit diesen Bergen, diesen so mächtigen Elementen der Natur, diesen Gottheiten, die jedem Moment und allen Dingen innewohnen, niemals gebrochen wurde, dass die Geschichte weitergeht.

Ausblick

Die Rückkehr von einer Reise durch Zeit und Raum ist nicht immer so leicht, wie man glauben mag.

Sicherlich: Es scheint so, als genügte es, die Augen aufzuschlagen, die Glieder zu strecken und aus der Betäubung der „Wolke des Damals" herauszusteigen, die uns vorhin noch umgab. Aber jenseits von dieser Rückgewinnung unseres Körpers, unserer Umwelt und unseres Jahrhunderts gibt es Bilder, geheime Gewissheiten und Kenntnisse, die uns von nun an begleiten und derer wir uns nicht mehr entledigen können.

Die Zivilisation der Inkas war zu reich und zu leuchtend, sie waren in allen Momenten ihres Lebens zu sehr von ihrem inbrünstigen Glauben bewegt, sie standen den göttlichen Himmeln der Hochebene zu nahe, dieser so erhabenen Landschaft, als dass sie uns gänzlich unberührt in unsere Welt entlassen könnten. Der Wille zu glauben, das Bedürfnis, einen noch unsicheren Glauben zu stärken und zu behaupten, die Notwendigkeit, sich ständig mit dem Menschlichen und Göttlichen auseinanderzusetzen, dies alles sind Facetten dieser so fernen Kultur. Sie sind aber auch jedem Menschen inhärent, welchem Jahrhundert er auch immer entstammt, und sie schicken uns in unsere Zeit zurück, in unser alltägliches Leben.

All diese drängenden Fragen, das leichte Zweifeln am Sinn von Leben und Tod, am Übergang von einem zum anderen und *vice versa*, die Fragen nach der Begegnung der Welt der Menschen mit den göttlichen Sphären, all diese Fragen haben sich die Inkas mit einem solchen Nachdruck gestellt, dass sie sie uns jetzt mit der gleichen Intensität zurückschicken. Zu uns, die wir heute den Weg zu ihnen genommen haben.

Die Kultur der Inka verstand es, das Wesentliche zu erfassen und näherte sich dem Göttlichen mit der inneren Ruhe einer Selbstverständlichkeit, gegen die es sich nicht anzukämpfen lohnt. Sie verstand es aber auch, mit großer Hingabe die natürlichen und übernatürlichen Kräfte zu feiern, die seit der Morgendämmerung der Menschheitsgeschichte Leben hervorbringen und erhalten. Aus diesem Grund erstrahlte sie am Firmament der bedeutendsten Zivilisationen und erlangte in der Reinheit ihrer Suche eine sonst kaum erreichte Höhe.

Ihre Liebe zur Sonne hat die Inkas über lange Zeit genährt, bevor sie an ihr zu Grunde gingen, als ob ihr auf diese Weise der Aufstieg in den mythischen Rang einer Universalreligion ermöglicht würde.

Ihre Zeit ist vergangen, die Sitten und Bräuche haben sich weiterentwickelt, die alten Rituale scheinen verschwunden zu sein; sie wandelten sich zu Bräuchen, die auf andere Weise noch inniger sind. Nachdem die Eroberer ihre Rolle erfüllt hatten und eine neue Zeit einläuteten, verschwanden sie in der Gewalt, die sie selbst heraufbeschworen hatten. Aber jeden Sommer zur Sonnenwende, fernab von jeder scheinbaren Modernität, unter der sengenden Sonne, versammeln sich auf den Hochebenen der Anden die Inkas, die einst Herrscher dieser Gegend waren, unter der Sonne, ihrem Vater, und bereiten ihre Rückkehr vor. Ist die Geschichte nicht ein ewiger Kreislauf?

Literatur

Auroi, C.: Des Incas au Sentier lumineux, éd. Georg, 1988.

Bernand, C.: Les Incas, peuple du Soleil, coll. „Découvertes/Gallimard", éd. Gallimard, 1988.

Bingham, H.: La Fabuleuse Découverte de la cité perdue des Incas, coll. „Les grandes aventures de l'archéologie", éd. Pygmalion, 1990.

De las Casas, Bartolomé: Critique de la Conquête, 1542, 1er Mémoire, chap. XVII.

De la Vega, Garcilaso: Commentaires royaux sur le Pérou des Incas, I, éd. de la Découverte, 1982.

Favre, H.: Les Incas, coll. „Que sais-je?", Presses universitaires de France, 1990.

Gall, F. u. B. Abrigeon: Des trains pas comme les autres: Pérou, Bolivie, Équateur, au pays des Incas, série télévisée Antenne 2/ CD-ROM Syrinx, 1997.

Grigorieff, V.: Mythologie du monde entier, éd. Marabout, 1987.

Histoire des religions, III, coll. „Encyclopédie de la Pléiade", éd. Gallimard, 1976.

Huber, S.: La Fabuleuse Découverte de l'empire des Incas, coll. „Les grandes aventures de l'archéologie", éd. Pygmalion, 1978.

L'Amérique précolombienne, éd. Castermann, 1990.

Norton, Leonard J.: L'Amérique précolombienne, coll. „Les grandes époques de l'humanité", éd. Time-Life, 1979.

Wood, T.: Entrez chez les Incas, éd. Gründ, 1996.

Deutschsprachige Literatur

Alva, Walter /Longhena, Maria: Die Inka. 1999. Müller, Karl.

Bakula, C: Das Inka-Reich. Bechtermünz.

Bollinger, Armin: So nährten sich die Inka. 1986. Rüegger.

Cussler, Clive: Inka-Gold. 1997. (Goldm. Allg. Reihe 43742) ,Goldmann, W.

Cussler, Clive: Inka Gold. Masters of Crime. 1999. (Goldmann Aktionen 44470) ,Goldmann, W.

Ernst, Peter: Auf den Spuren der Inka. 1996. 1 CD-ROM. NovaMedia Iserlohn.

Julien, Catherine: Die Inka. Geschichte – Kultur – Religion. 1998. C. H.Beck, Wissen in der Beck'schen Reihe 2075.

Lanczkowski, Günter: Die Religion der Azteken, Maya und Inka. 1989. Wissenschaftliche Buchgesellschaft.

Sitchin, Zecharia: Versunkene Reiche. Der Ursprung der Zivilisation im Reich der Maya und Inka. 1992. (Knaur Tb. Sachbuch 4827) Droemer Knaur.

Stingl, Miloslav: Das Reich der Inka. Ruhm und Untergang der „Sonnensöhne". 1995.